图书在版编目（CIP）数据

内容潮：直播这么做/刘仕杰著.—北京：人民日报出版社，2021.2
ISBN 978-7-5115-6629-4

Ⅰ.①内… Ⅱ.①刘… Ⅲ.①网络营销 Ⅳ.①F713.365.2

中国版本图书馆 CIP 数据核字（2020）第 210355 号

书　　名：	内容潮：直播这么做 NEIRONGCHAO:ZHIBO ZHEMEZUO
著　　者：	刘仕杰
出 版 人：	刘华新
责任编辑：	葛　倩　陈　佳
封面设计：	观止堂
出版发行：	人民日报出版社
社　　址：	北京金台西路 2 号
邮政编码：	100733
发行热线：	（010）65369527　65369846　65369509　65369510
邮购热线：	（010）65369530　65363527
编辑热线：	（010）65363486　65369514
网　　址：	www.peopledailypress.com
经　　销：	新华书店
印　　刷：	大厂回族自治县彩虹印刷有限公司
法律顾问：	北京科宇律师事务所　010-83622312
开　　本：	880mm×1230mm　1/32
字　　数：	185 千字
印　　张：	8.5
版　　次：	2021 年 2 月第 1 版
印　　次：	2021 年 2 月第 1 次印刷
书　　号：	ISBN 978-7-5115-6629-4
定　　价：	45.00 元

"高光时刻"不会永久,我们需要努力前行

2019年,直播"大爆发",各大电商平台纷纷布局,主播数量呈指数型增长,成交额纪录被不断刷新。2020年,一场突如其来的新冠肺炎疫情将人们困居家中,在各行各业艰难前行之时,直播迎来了机遇。疫情改变了人们的生活方式,同时也带火了两个新概念"宅经济"和"云生活"。而电商直播无疑是"宅经济"和"云生活"的最佳搭档,逛淘宝、看直播俨然成为人们生活中必不可少的一部分,它满足了人们足不出户便可以在线享受真实购物体验的需求。天时地利人和,外部环境给了"电商直播"扶摇直上的助力。

直播带货究竟是新的风口,还是一阵风?这取决于电商直播的内在生命力。首先,从形式看,直播很像多年前如火如荼的电视购物,同样依托平台和主持人的推销式带货。但本质不同的是,直播带货带来不仅是"货",更是一种更"懒"的购物模式。人们通过电商直播实时、高效、直观地了解货品,同时得到最便宜的价格、最贴心的推荐以及最暖心的陪伴,它实现了"在场、现场、同场"三位一体,带给用户一种极致的参与感。其次,与传统购物模式最大的不同,是直播带货改变了"人找货"的计划型购物模式。电商直播是一种非计划型的、"货找人"的购物。此外,电商直播作为一种多链条的"互联经济",它是一种典型的"正和博弈",即用户、主播、品牌商、平台的互惠共赢,没有一方利益受损,参与各方皆大欢喜,同时还能衍生出新的服务行业。以上对于一个行业的发展无疑是最大的内在动力。

直播行业如火如荼地发展,无论是想要"跑步进场"的各大品牌商,还是垂涎于直播经济强大潜力的创业者,亦或想要寻求职业发展的年轻人,都期望对这个行业有所了解。为满足市场需求,《直播这么玩》便应运而生。在这本书里,有很多干货:大到直播带货的底层逻辑、行业发展的轨迹与规律、产业运行的链条,小到选品原则、圈粉技巧、运营手段。无论你是谁,只要想了解直播相关问题,都可以在本书中轻松地找到答案。

许知远对话薇娅后,得出了一个认知:"在中国当代社会,物质消费和精神消费的边界在逐渐模糊"。直播之于消费者,不再是简单的购物方式,更是一种精神放松和满足的途径。目前,直播是商业世界中的"黑马"和"新秀",而在未来,它会成为人们生活方式,随着5G时代的到来,直播必然更加多元。回到最初的话题,直播带货究竟是昙花一现还是将星火燎原,没有人能断定。这个世界给出的"高光时刻",不会永久,没有任何人和任何行业能永远站在"风口浪尖",但总有人正在努力前行。

直播带货：现象级的电商新模式 / 001

直播新纪元：从"直播向往电商"到"电商向往直播" / 003
直播带货无可抗拒的魅力 / 012
电商直播的三大特点 / 022

直播带货的"完整链条" / 029

供应方——平台：全新的"营销阵地" / 031
链接方——主播：链接"上下游"的"桥梁" / 039
品牌方——商家：所谓"金主爸爸" / 050
需求方——用户："潜在"购买者 / 059
资源整合者：黏合各个环节的"中介" / 065

直播带货，到底"拼"的是什么？ / 075

流量"收割" / 077
"超级 IP" / 083
内容为"王" / 091
供应链"稳住" / 100

时势造英雄——直播带货之"主播" / 105

主播的实质：关键意见领袖 / 107

如何打造"顶级流量 IP"？/ 108

主播需警惕"深坑" / 119

劲草不怕疾风吹——直播带货之"选品" / 127

产品选得对，销量翻几倍！/ 129

如何挑选"爆品"？/ 131

打造"爆品"需严格把关 / 145

无谋即不达——直播带货之"策划运营" / 151

直播人员 / 153

直播场地 / 159

直播宣传和预热 / 165

直播脚本设计 / 174

直播复盘 / 187

来日方长——直播带货之"口碑维护" / 197

直播带货的供应和服务是"隐忧" / 199

化"危机"为"转机"：优秀的售后是提高用户忠诚度的法宝 / 204

拒绝"割韭菜"：做好社群维护 / 213

知己知彼，百战不殆——深度解读直播带货"超级 KOL" / 221

李佳琦：从"欧莱雅 BA"到"口红一哥" / 223

薇娅：登上纽约时代广场的带货主播 / 231

潮平两岸阔——直播带货之"未来想象" / 241

"昙花一现"OR"星火燎原" / 243
未来科技的"赋能" / 245
直播带货模式的演变和展望 / 255

后　记 / 263

直播带货：现象级的电商新模式

"直播带货"在近两年可谓彻底出圈，超级主播、网红达人、明星总裁纷纷"下场卖货"，大江南北的男女老少拿起手机，点赞加购，下单秒杀，形成了一场几乎风靡全世界的"集体狂欢"。这不禁让人深思，"直播带货"带的仅仅是"货"吗？NO！它带来的是全新的、参与感极致的用户体验，它重新定义了购物形式，创造了更简单、更便捷的购物体验。

直播电商指的是KOL（主播）通过视频等形式推荐卖货最终成交的电商渠道。直播电商替代了传统的货架式电商，不仅仅是历史上传统电视购物的升级版，而且是从整个产业链的角度实现了质的飞跃。从商品的角度来看，直播提升了非标产品潜在的线上渗透率；从用户的角度来看，直播满足了用户非计划型购物的需求；而从整个产业链来讲，直播加快了供给端产品的开发速度，以及相关产业的指数级衍生。直播带货是互联网发展下现象级的电商新模式，也在悄无声息地改变着人们的生活方式。

直播新纪元：从"直播向往电商"到"电商向往直播"

一支麦克风、一个摄像头、一台电脑便可以轻松打造一种前所未有的购物体验，随着李佳琦、薇娅等"超级主播"的奋力"吆喝"，各路明星的"纷纷加入"，各大品牌CEO（首席执行官）的"直接下场"，开启了"无处不直播"的集体狂欢，直播带货终于在 2019 年彻底"出圈"了。在网红经济的时代，流量就是变现的基础，用影响力来做生意似乎成了再普遍不过的事情。2010—2013 年是电商平台迅速崛起的时代，电商与互联网"联姻"，生意遍布大江南北，实现了商业发展的新纪元，彼时，网红尚属于电商的"附庸"和"点缀"，而如今，电商平台遭遇行业发展的瓶颈期，力图通过直播带动流量和营收增长，短短十年，商业发展俨然"换了人间"，从原来的"直播向往电商"到"电商向往直播"。

资本向哪里流动，哪里就是热土

2019 年被称为"电商直播"元年，虽然早在 2016 年，淘宝就率先试水开启直播卖货，此后快手、抖音、苏宁等平台也纷纷加入，但 2019 年的电商直播行业迅速扩张，并在同一时间得到了资本市场的广泛关注。2019 年开播账号数量大增，相比 2018 年的增速高达 100%，2019 年"双十一"，淘宝直播引领了近 200 亿元的成交额，其中有超过 10 个"亿元直播间"，超过 100 个"千万元直播间"，"双十二"7 万多场直播引领的成交额相比 2018 年增长 160%，来势汹汹的"电商直播"势力不容小觑，直播带货也成了家喻户晓的名词。

此外，"超级主播"李佳琦和薇娅更像是"直播带货"行业的代言人，不仅在于他们以一己之力贡献了电商直播行业几乎一半的销售业绩，而且他们不断刷新直播带货 GMV（成交总额）的"天花板"，也让人们对这一"朝阳行业"充满期待。至今，李佳琦和薇娅的"神话"还被人们津津乐道，2019年，"口红一哥"李佳琦5分钟卖出15000支口红，"直播一姐"薇娅2020年"双十一"成交额超过53.2亿元，其业绩丝毫不逊色北上广深一线城市顶级商圈的销售业绩。所谓"资本向哪里流动，哪里就是热土"，李佳琦和薇娅以直播带货迅速"封神"，一向傲娇的电商平台、无比挑剔的品牌方、各大火爆的综艺节目都纷纷向其伸出了"橄榄枝"，同时，就连平时只活跃在荧屏上的明星，神秘的公司总裁及CEO，也自动走下"神坛"，走向直播带货这一片深不见底的"蓝海"。

此外，随着2020年新冠肺炎疫情的来袭，人们被迫"宅"在家中，也随之带起了一场"宅"经济，云会议、云逛街、云看房、云蹦迪……人们绞尽脑汁去想足不出户也能正常工作娱乐的方式，而在"云经济"的浪潮之中，电商直播无疑是最大的幕后赢家，各大商场、线下门店受疫情影响，纷纷转战线上，各大品牌方纷纷开启"导购在家直播"，许多柜姐变身"云柜姐"，其他职业人也纷纷跨界当主播，截至2020年2月，至少100种职业转战淘宝直播间，无论新老主播，最爱的口头禅都是"宝宝"，主播们说了2.27亿句"宝宝"，电商时代，淘宝重新定义了"宝贝"，而直播时代，淘宝直播重新定义了"宝宝"，不得不说，直播带货的时代，来了！

零售界"人+货+场"三位一体的"蒸汽革命"

2016年10月13日，马云在云栖大会上提出一个观点，纯电商时代将很快结束，未来几十年没有电子商务这么一说。针对未来，马云提出五大趋势，即"新零售、新制造、新金融、新技术和新能源"。自此，新零售走进公众的视野。但是，新零售到底指的是什么，时代的"浪潮"尚未褪去，公众不得而知，就连马云自己，也对此不能清晰地定义。

而到了2020年，"新零售"的神秘面纱逐渐被掀开，这便是"人＋货＋场"三位一体的"电商直播"，它不仅是一场来势汹汹的行业新现象，而且是一场彻头彻尾的零售界"蒸汽革命"。所谓"人＋货＋场"三位一体，人，即人流、人性；货，即货品、高性价比；场，即场景、空间。

从"人"的方面来讲，电商直播爆发驱动全民直播时代的到来，继2019年开播账号大增之后，2020年以来更有100多种职业转战淘宝直播间，无论是网红达人，还是商家明星，都在新风口的驱动下迅速下场。

从"货"的角度来讲，海量可靠的商品是爆发的基石，正所谓"万物皆可播"，2019年年末，淘宝直播用户每天可购买商品数量同比增长190%，覆盖了淘宝天猫绝大部分商品的类型，万能的淘宝中走出来万能的淘宝直播。

从"场"的角度来讲，截至2019年年末，消费者每天观看直播带货时长超过35万个小时，相当于整整7万场春晚，而"争奇斗艳"的淘宝直播间，也覆盖了73个国家的工厂、田间、档口、商场、街头和市场。

那么，人、货、场的"单向爆发"是所谓的"人＋货＋场"

的三位一体吗？NO！"电商直播"之所以被称为现象级的电商革命，还在于它重塑了人、货、场的关系。以前的零售，其顺序是"货、场、人"，商家先研发出一个具有竞争性的商品，也就是"货"；其次，把货推向市场，即"场"；然后消费者进行购买。在这个过程中，"货"能否占据消费者的内心是关键要素，所以"货"是这一时期零售业的关键。而后，随着生产力水平的大幅上升和全球化，物质极大丰富，这时候，"场"占据了C位，只有争取到商场中的黄金铺位，或是货品被投放到高消费区域，销售额才可能勇攀高峰，所以"场"是这一时期零售业的关键。

而先进的时代，是以人工智能、大数据为前提的互联网的新零售时代，"人"则成了最重要的因素。在大数据时代，数据甚至比你自己都了解你，你的购物偏好、消费习惯都被人工智能所解读，它能在任何时刻、任何场景下推送你所感兴趣的信息，那么此时，"货"早已海量过剩，"场"也变得无足轻重，而"人"则变成了扭转乾坤的决定性因素。此时，谁能牢牢地"占领"人流，"引领"人流，谁就能抓住新零售决胜的法门，手握大量粉丝、深谙消费者心理的超级主播无疑就是这一时期占领和引领人流的人。

随着互联网技术的高速发展，未来的零售没有线上线下之分，只有品牌和体验之分，"人+货+场"三位一体的电商直播之所以被称为零售界的"蒸汽革命"，是因为互联网打破人、货、场的壁垒，为三者重新赋能，对于目前的新零售而言，所有的零售销量都来自流量，比的就是谁更懂客户，谁能玩转流量，同时将流量变现。

直播带来市场的不断"下沉"

随着经济的发展、科技的驱动及社会的变迁，消费人群、产品价值、交易场景发生了新的变化。在过去数年，一、二线大城市吸引了绝大部分创业者和投资者的目光。随着中国经济的发展逐步进入新阶段，一、二线城市的市场趋于饱和，这时就有人瞄准了那些被忽略的三、四线市场，由一、二线城市逐渐向下沉市场进军。随着互联网基础设施在三、四线城市的普及，新消费场景的日益丰富，特别是下沉市场的多元化消费需求正在被深度挖掘。

2019年，商务部国际贸易经济合作研究院课题组发布了一份报告总结道，下沉市场将成为中国消费高速增长的主战场。其中提到的主要依据是，2018年中国农村居民人均可支配收入和人均消费支出分别增长了6.6%和8.4%，增速分别比城镇居民高1%和3.8%，城乡居民消费增速的"剪刀差"趋势愈加明显。同时，农村地区互联网覆盖率提高和移动互联网持续下沉所带来的信息互通，使得下沉市场用户大量触网，激发和拓展了这些群体追求生活消费升级的潜力和空间。其实，从2017年起，阿里巴巴、京东、苏宁就看到了这个商机，相继在二线以下的城市和农村地区招募当地店主，开设"天猫小店"、"京东便利店"和"苏宁易购精选店"。在乡镇农村，人脉就是信任的基础。中国电商经过这么多年的发展，消费者已经完成社交化和数字化的转变，下沉市场尤其强调"社交化"，也就是对"私域流量"的掌握。

2019年12月4日晚上，电影《南方车站的聚会》（以下简称《南方车站》）的255000张优惠票，在李佳琦的直播间售罄，耗时未超过6秒。直播中，电影主创目瞪口呆，其中有人感叹，直播"为所有电影在这里开辟了一个最新的营销模式。"255000张优惠票，价格0.1元，每人限购两张，购买之后，12月8日之前即能在淘票票以19.9元的优惠价格购买电影票。也就是说，20元即可购买一张《南方车站》电影票。直播当天，李佳琦直播间观看人数达到636万，互动量超过了3500万，带动电影相关话题空降微博热搜，抢占当天抖音热点。灯塔数据显示，直播两天后，《南方车站》首映日新增预售票房累计达到691.25万，映前首映日累计票房1485万，新增场次累计4.36万。这足以说明这场直播卖票为《南方车站》整体营销带来的实际转化效果。灯塔宣发平台人员认为，对于电影宣发来说，一部电影至少要进行30到40场路演，不仅耗时耗力，对于结果也很难明确地评估。在这种背景下，用直播的形式来为电影做线上路演，这将成为未来电影宣发的必选项。阿里影业也瞄准了"内容电商＋电影宣发"的流量场。

上述事例说明直播空有流量，变现纯靠打赏的时代已经过去了。不管"电影"还是"明星"，在带货面前，都只是一个手段。但当直播遇上下沉市场，那就是一场大爆发。对于传统的电商而言，最大的缺陷就是没有"人"的影响——消费者只能通过商品详情、评论区的浏览，最终做出相对理性的购物决定。直播之所以能够成为变现的重要渠道，最为重要的原因就是，其一对多的"互动式"交易方式，不仅让消费者直观了解产品的属性和用途，有光环属性的主播，在将商品的详情、优缺点、使用效果呈现出来的同时，更会给产品本身背书，让早已成为"粉丝"的消费者，为购买欲加码。实时互动的过程中，让本是单纯"消费"的行为，进阶成"我买了偶像也在使用的东西"。

相信随着"直播+人工智能"的发展，包括内容付费在内的商业模式，也将在下沉市场大放异彩，为直播行业下沉市场的发展，注入新的强大活力。

"大灭霸"之人工智能

人工智能（Artificial Intelligence，AI），是计算机科学的分支之一，是一种机器模拟人类思维和行为等信息，从而对外界环境做出类似反应的智能技术。如今 AI 技术日益成熟，移动互联网的发展促使它的应用领域被逐渐扩大。从 1956 年"人工智能"的概念被首次提出，到人工智能开始从理论走向应用，再到互联网、大数据、云计算等技术加持，人工智能如同美国漫威漫画旗下的"大灭霸"，"肉体和精神近乎都是无敌的，拥有无法超越的力量、持久力、恢复力和敏捷度"，实力强劲，技压群雄，进入了蓬勃发展的黄金期。当然，除了逐步渗入生活领域，人工智能在医疗、航空科研和电商销售等领域中也被广泛应用。比如，机器人医生已经开始上线运作，网上的很多医疗APP里都带有智能问诊功能，患者可以向机器人医生描述状况，了解自己可能罹患的疾病和常规用药方案；空间机器人帮助人类在外星球上进行先驱探索。2019年的"6·18"年中盛典，天猫有超过600名人气主播、近10万个直播间在线推介各类商品，成千上万名消费者，在观看直播的同时，不断把心仪的商品放到购物车里。而主播们忙于介绍商品，难以对消费者的规格尺码、有无优惠等问题进行及时回复，这时阿里巴巴研发的AI助手——"直播小蜜"上场了。它帮助直播间的主播自动秒回消费者的提问，这样一来，既不用打断主播的介绍，又能减少主播回答问题的重复率，还能帮助消费者第一时间了解想要的信息并抢到尖货，提升消费体验。"直播小蜜"2019年第一次在天猫"6·18"全面应用，每个直播间的"直播小蜜"相当于480个专业客服人员，提升了15%的提问人群的下单转化率。目前淘宝站内，有七成主播拥有了"直播小蜜"。

人工智能的发展，对于超级带货领域和购物消费领域来说，都是一个巨大的惊喜。它帮助主播们，在有限的直播时间里，既能实时对产品进行详细介绍，又能给予直播间的粉丝更好的体验，不断提升带货流量；它也能够帮助想要进行消费的粉丝，尽快了解到自己感兴趣的产品的相关细节信息，让他们跟上主播的节奏，为他们提供了完美的购物体验。

可以说，现在人工智能的"带货能力"已经不容小觑。阿里巴巴之前的人工智能"店小蜜"就帮助小米、苏宁等多位商家，拿到了过亿元的交易额；俄罗斯研发出可以依据人的情绪和偏好来调制鸡尾酒的人工智能机器人，不仅适用于各种活动的展览，而且还可在零售大厅中进行目标销售等。由此可见，AI 不仅可以帮助电商平台开启新的盈利渠道，其未来的带货趋势也很可期。

人工智能＝算法＋数据＋硬件结构，这也是人工智能促使未来的超级带货领域进一步发展的有力保障。直播带货的营销核心是目标用户和带货主播，算法和数据能够将两者进行精准对接，即"你是我所需"，而硬件则支撑起算法和数据的有效运转。所以，对于未来的营销，人工智能必不可少。

"AI+带货"将成为一种新的趋势，帮助销售者以更低的成本，找到用户和销售商品；也能够帮助消费者快速找到其所需的优质商品，并成功下单。因此，我们说，技术能够激发出强大的服务潜能，智能与人类的结合就是便捷与温度的结合，能够对未来的服务体验进行重新定义。而直播带货既是销售和消费，也是一种服务，加入 AI 技术，能够让这种服务系统变得更加完善。

直播带货无可抗拒的魅力

随着时代的发展，电商成为人们购买商品的主要渠道，而短视频成为人们的主要娱乐渠道，两者一结合，形成了一种新型的消费方式——直播带货。直播带货是电商购物的升级版，本质上是主播作为"促销员",直接面向"用户"介绍商品,通过介绍和互动,来强调带货的这款产品与其他同类竞品相比所具有的突出优势和特点,并营造群体踊跃购买的氛围,来引导用户下单,使用户形成"冲动消费"的模式,这是直播带货火爆的魅力所在。

更"懒"的高级购物形式

移动互联网时代,用户不仅需要视觉体验,还需要亲临现场的真切感受和"我在现场"的存在感。直播可以实现"在场+现场+同场"的高级购物方式,让用户拥有体验感和参与感。

直播可以为用户创造不同于传统媒体时代的"在场感"和"现场感"。 在传统的电视直播里,除非是事件中特别重要的主角,其他参与者通常都只会作为背景出现。他们虽然在场,但却没有留下在场的痕迹。偶尔能在一个重大事件的电视直播中露一个脸,也许能成为一个普通人一辈子的荣耀和谈资。但新媒体时代,技术促进了人们对自我存在感的追求。也正因此,自智能手机兴起以来,自拍功能一直是最热门的应用之一。自媒体时代在场的人,也不再满足于作为事件的一个旁观者或事件的记录者,不再满足于仅作为事件的一个背景元素孤独存在。他们开始更强调"我在现场,身处其中""我是主角"。网络直播虽然并不能立体地呈现全部现场,没有完全改变二维平面这样一个观看前提,但在一定意义上去除了媒体(导演、摄像等)的视角,用户通过直播者的视角看现场,直播者的体验传递给了用户，带来了更真切的"第一人称视角"，他们的进入感和在场感会得到大幅提升。

电视直播呈现给观众的，往往是精心加工与修饰的"台前"，而网络直播更有可能传达被媒体忽略或极力掩饰的"幕后"。与台前那些光鲜亮丽、完美的表现不同，幕后的人、事、物可能更为真实，幕后的细节，可能会反映出事件更耐人寻味的一面，对于熟悉了媒体套路的观众来说，有时反而是幕后的内容更有"信息量"。幕后的内容，也可以让观看者感觉置身于现场，产生同场感。主播通过互动、福利、优惠以及过往粉丝在评论区的刷屏，来使新进来的用户融入这样的一个场域，形成一个集体。在这个集体中，主播是唯一的关键意见领袖，通过不断介绍推介、传达试用体验、积极游戏互动、营造紧张氛围等多种方式，引导用户下单购买，使用户形成"冲动消费"。对于很多用户来说，边看直播边购物，除了"即时性、冲动性、决策时间短"等观看时产生的心理反应外，其实还有对主播的"信任、喜欢、支持"等认同感。而用户数达到一定规模后，就会形成一种"集体认同"，慢慢会有一部分用户成为"核心人群"（粉丝），为喜欢的主播宣传推广。主播的名声和口碑即是号召力，对于很多品牌商家来说，这就是直播带货的优势和魅力。

同时，直播带货和传统的电商相比，更加符合人在"感性消费"的需求，人和人之间的情感关系在冷冰冰的商品之间加了一层温度，加了一层期待，这也是用户会在直播间"买买买"的重要原因之一。在互联网占据的世界中，人类是以个体为中心建构关系和生活的。虽然我们通过互联网，很容易打破空间制约与人交往，但实际上我们每个人远离了群体，是一个个孤独的个体。另外，并不仅仅是互联网给我们带来孤独，现实生活也给我们带来孤独，类似城镇化进程加快这种现实层面的孤独感可能更为明显。而主播却可以通过电脑，以真人面目出现在受众身边，用户可以与他们进行交互，就像朋友一样陪伴在身边。在这个意义上，直播带货不只是功利的广告、购物等诉求，不仅具有商品购物功能和价值导向功能，而且是有温度的，充满人文关怀。陪伴模式下，用户不再关注你传递了什么信息，信息包含多少价值，只需要由陪伴带来的一种潜意识的幸福感，让用户具有更高级别的体验，促使其产生消费冲动。

总之，直播的"在场＋现场＋同场"的特点，能够触达更广泛、更多数的用户。由于直播带货以用户为中心，使用户体验更好，还省去中间商赚差价使成本更低，同时带有很强 IP 属性的主播能通过频繁、高效互动，与用户建立起高度的信任，沟通效果更好，更能带来高度的现场参与感和极致的用户体验感，自然成为营销创新的最佳选择，也成为新风口和新趋势。

典型的"正和博弈"

正和博弈亦称为合作博弈，是指博弈双方的利益都有所增加，或者至少是一方的利益增加，而另一方的利益不受损害。直播带货，从直播平台通过主播链接了更多的消费用户，改造了整个商品的供应链模式，通过实时性、互动性的直播形式打造新零售，实现了用户、主播、品牌商、平台互惠共赢的模式。

用户为什么会选择直播带货？因为直播带货给用户带来的效用超过了用户的预期。那么具体给用户带来了什么效用呢？其实就是缩短了用户找货的过程，节省了用户的决策时间，同时可以与主播或者网红、明星等互动，既支持了主播和明星，又为自己获得了商品的价值。**用户价值 = 新体验 – 旧体验 – 替代成本**，对于直播来说，新体验是相对较好的，实时性、互动性、场景性以及可体验性都较之前的图文、小视频电商的体验有很大的提升，替代成本基本为 0，也就是用户切换到直播带货，基本没有什么成本，对于用户来说就是创造了较大的价值。

从主播角度来看，主播在直播电商中承担着衔接上下游的作用，上游衔接了品牌商，下游则衔接了用户，对于抖音、快手的主播来说，当粉丝达到一定的量级，怎么去实现变现？除了直播打赏、广告等，直播带货便是一个快速的变现渠道。但是主播也会面临一定挑战，也就是怎么选品，怎么给自己的粉丝提供最大的利益，避免因为带货而"掉粉"，进而提升自己的影响力，促进整个链条的正常运转。很显然，直播带货给主播带来的最大效用就是佣金以及影响力。对于淘宝、京东平台的店铺掌柜或者员工来说带货是为了提升销量,提升用户体验以及提升店铺的品牌知名度;而对于李佳琦和薇娅这类的头部主播来说,除了能获得高额的佣金,还能提升自己的影响力以及粉丝量。

再说品牌商。品牌商既要花费大量的资金成本去和主播合作,也得承担效果不佳的后果,还得看平台的扶持力度,但是为什么这么多品牌商,愿意花大价钱排着队找头部主播合作呢?主要还是收益大于成本。相对于传统的营销方式,直播更容易吸引用户的关注,聚集起用户的注意力,尤其在自身品牌有一定知名度,或者引入明星、网红等公众人物的情况下,一场直播,聚集的人气更是成倍增长,相对于微信 10 万+的曝光量,直播可谓轻轻松松就是上百万的曝光度,可以有效提升品牌影响力。对比传统的引流和广告,直播带货的效果更能直观地感受到,实实在在就能看到有多少用户观看,有多少用户购买,店铺新增了多少粉丝,能够让品牌商看到用户的覆盖面和粉丝的增长等真实数据。直播还可以实现边看边买,或配合促销活动引导他们到相应的电商平台购买,直观地与用户互动,提升转化率。

平台作为提供整套产品方案的一方,为消费者、主播和品牌商,提供了一个全新的销售和营销阵地。为用户提供了良好的购物体验,节省了用户选购的时间,降低了用户的购物成本;为主播提供了丰富的并且免费的工具,提供了一个新的变现的场所并且可持续,有助于主播提升收益与影响力;为品牌商提供了新的运营工具,有助于品牌商和店铺提升影响力,创造更大的收益，前期还会有相应的流量扶持。通过平台，可以让产品、主播与用户顺畅便利地交换合理的价值，促进了平台可持续发展。

因此，直播带货便是典型的"正和博弈"，用户、主播、品牌商和平台都能从中受益。

新的"购物引擎"：非计划型购物模式

"种草"这个词是互联网时代的产物，泛指将某件事物推荐给别人让别人也喜欢。首先流行于美妆论坛和社区，后来被推广到各个领域，流行于各大社交媒体平台，逐渐成为一种风潮。最初的"种草"只限于博主与粉丝们的分享与交流，并未涉及第三方——商家。但在博主号召力日渐扩大的趋势下，在商家洞察到博主的推荐背后拥有巨大的销售量收益后，许多商家开始找到博主，进行商业洽谈，希望博主对其品牌的产品进行测评推荐。果不其然，凭借博主巨大的粉丝群体支持，商家赚得盆满钵盈，而博主也在商业洽谈中获得收益，于是一种基于商家、博主、粉丝等多方互动的"种草经济"应运而生。直播带货，便是一种从实体商业"人找货"，转变到直播电商"货找人"的种草经济。

直播带货具备很强的非计划性购物的属性，虽然很多主播在开播前，在社交平台上进行预热，可更多的用户最初只是抱着"淘宝"的心态，尝试进入直播间，然后受氛围"感染"开始买买买。与实体商业凭借优越的地理位置、漂亮的店面装潢、华丽的商品包装，构建引发消费者"冲动消费"的场景不同，直播带货则是通过明星效应、网红颜值、公众形象、"给力"价格，去营造一个吸引消费者关注、购买的场景。二者有着明显不同。一是临场感不同。线下消费用户需要进入实体店中，购物者可以亲自看到和感觉到商品的颜色、样式、质感。5G网络的到来增强了直播卖货给予用户的临场感。而且，从李佳琦、薇娅等主播过往的带货视频来看，他们会亲自试穿、试装、试吃，其沉浸感很容易激发用户的购买欲望。二是紧迫感不同。线下消费，无论是大型商场还是中小实体店，消费者在浏览商品的过程中，并不用着急做购物决策，完全有时间和空间进行货比三家。而在直播平台上，留给用户进行消费决策的时间并不长，需要快速决定是否购买。比如罗永浩直播，随着他推荐商品的节奏，购物链接也会更换，而且很多商品有数额限制，老罗直播了两个小时，购物车里的许多商品就已显示没有存货。紧凑的节奏，给观众较少的思考时间，更容易激发冲动消费。在直播电商中"新品+限时、限量、低价"是一大特色，进一步营造了购物的紧迫感。三是参与感不同。线下消费中，为了提高用户的交易，经常会组织一些试吃、试用和促销活动，用户在与商家的交互中，逐渐产生交易冲动。在"网红+直播+电商"模式下，网红拥有巨大粉丝量和视频播放量。用户积极地在直播间进行评论，网红也通过极具"煽动力"的促销话术，使消费者拥有极强的参与感和代入感，最终形成消费。

虽然，自直播带货火爆以来，冲动消费一直是外界批评的一个重点。但是，从本质上来看，直播带货的魅力，正在于激发了用户在非计划型购物方面的需求。生活中，大部分人不会时时地制订一个清晰的购物计划，在"边玩边买"中，除了冲动购买来的一些无用品外，也会购买一些原本还未计划采购的日常用品，我们从直播电商销售的商品的排名中，也能看到这一特质。中消协报告显示，从直播购物品类偏好来看，消费者在直播电商购买的品类大多为服装、日用品、美食、美妆，其中选择服装的消费者最多，占比63.6%。可以看到，直播电商卖货较多的几大品类，大多数是复购率高、品牌型号多、单价在几十元或几百元区间的商品。消费者在购买服装、日用品、美食过程中，决策随机性很高，这些往往是消费者在非计划性购物中购买量高的产品。相比之下，3C、电器等硬件产品，从有消费意向到做最终的购买决定，会经历一个漫长的筛选期，而且这些产品价格、参数、功能相对固定，用户更倾向于进行理性决策，很少被主播的话所打动。

直播带货作为一种融合了直播内容形式和线上购物的结合体，能够弥补线下购物非计划性购物的短板，直播带货对于整体网民的渗透，将会随着行业成熟度的增长而持续加深。

效用超过了用户的预期

在线下购物的时候，会看到超市里面的销售员小姐姐、小哥哥在某款产品前，打出"免费试吃、买一送一、限时特惠"等宣传，并开着喇叭不断播放这段宣传录音。当有人围观、体验、争抢购买时,越来越多的人便会加入进来。在不知不觉中,很多人成了"冲动消费者"。十几年前火爆的电商购物,是这种模式的升级版。今天的直播带货,是传统电商购物模式的升级版。从"商品与人对话"转化到"人与人的对话",解决了直观体验的信息差和借力购物娱乐属性的线上化,实现了从搜索到体验的跨越,从买东西到有人陪着买东西的转变,可以有效满足用户需求,甚至超出用户预期。

一个人一旦进入一个群体,就会被群体带动,做出原本不会做出的一些行为。直播带货,何尝不是让用户从个体融入一个群体呢?以前面对纷繁复杂的商品经常无从下手,而从"图片加文字"提升到"视频加解说"的组合方式,用户获取信息更加便捷与全面。在直播间闪现的一条条具体商品链接,让用户购买起来得心应手。同时,在直播间里,通过主播的讲解试用,可以全方位地了解商品,还可以看到使用商品后产生的效果。主播通过互动、福利、优惠,以及过往粉丝在评论区的刷屏,来使新进的用户融入这样的一个场域,形成一个集体。在这个集体中,主播的销售方式、表现方式、业务水平、专业程度、产品涉入度等,都成为影响用户是否选择参与的重要因素。在直播带货中,拥有绝对主动选择权的人是用户,不仅可以主动选择商品,还可以主动选择由谁来向自己推销和陪伴购买,这使得用户体验感和参与感被提升到了前所未有的高度。

同时,在互联网时代,人们有看似多样、快速、便捷的联络方式,却缺少面对面的情感交流,缺少精神依靠,缺少社交,而直播带货的社交属性，恰好满足了用户在购物中的情感需求。区别于传统电商以"货"为主，直播带货转而以"人"为主，在整个带货过程中，用户都会得到尊重和悉心照顾。比如：及时得到主播的反馈信息，按照用户的需求，主播会做出相应的改变；用户可以在直播间与其他用户交流商品的特点和购物心得等。这种主播和用户的互动，以及用户之间的互动与实时交流，能让用户得到满足感、参与感和价值感。

直播带货，给了用户前所未有的新鲜感和美妙绝伦的体验感，大大超出了用户预期，给用户带来喜悦和兴奋。不仅如此，直播带货会朝注重用户关注点及喜好的方向发展，以注重用户的"交互、体验、便捷、个性"等为宗旨，不断优化和逐步提升，将会为用户带来更多惊喜。

电商直播的三大特点

电商直播之所以火爆全网，是因为其具有"云逛街"模式、所见即所得、粉丝经济三大特点。

"云逛街"模式

2020年年初新冠肺炎疫情给实体经济带来沉重的打击，"云逛街"模式成为疫情防控期间逛街购物的主旋律，银泰、大悦城等各大商场里的柜台前，销售人员和导购们纷纷变身主播，开启直播卖货，业绩是相当的好。所谓"云逛街"模式，就是实体商家探索线上线下相融合的营销模式，与传统的电商O2O相比，消费者可以感受到商场的购物环境，与导购之间有互动交流，加之物流、快递配送的快速便捷，让这种模式更易于被接受。云逛街是疫情期间商场临时采取的应急措施，但是这种体验式消费模式，无论是在时间还是空间上都有着绝对优势，可以更好地实现线上与线下的融合。可以预见，未来零售也将是线上与线下融合共生的模式。

一部手机，一盏镁光灯，外加一台调音器，联网就能直播。直播中，"柜哥""柜姐"们会给大家试穿试戴，并对服饰和配饰进行全方位介绍，通过多家商场的微信购物群可以发现，群里从早到晚十分活跃，甚至凌晨还有互动。每天一早，购物群会发出当天的直播或秒杀预告海报，附上导购、秒杀群或直播二维码，让顾客有了更多的购物乐趣，随时都可以享有定期、不定期的秒杀抽奖等各种福利。顾客可在群里买到护肤品、内衣、服饰、鞋类、防护用品等各类商品，甚至还有餐饮外卖服务。顾客咨询的各种问题，均有客服第一时间解答。某美妆类的微信群，还不时有专柜导购分享护肤或化妆技巧、各种优惠福利等，顾客可联系群里的客服导购下单，或通过二维码链接到该商场的线上平台下单。商家通过直播模式，不仅提高了顾客的购买率，还吸引了全国各地的网友。实体店的消费群体一般是本地市民，但直播打破了地域限制，可以吸引到外地消费者。对于外地消费者购买，商场会提供免费邮寄、赠送礼品等贴心服务，发货前还要对商品进行消毒，通过快递无接触配送到家，让消费者无忧。

疫情冲击实体店正常运营的同时，也加快了百货商业转型融合发展的步伐。实际上，实体商场多年积累的消费潜力，通过线上渠道能够迅速激活，但很多实体商场都是"醒得早、动得慢"，这次疫情的发生，可谓加速了传统百货业的转型。在疫情影响下，"宅"成为大部分人生活的常态，"云逛街"模式，让消费者躺在家里就能逛街，不用走路、背包、戴口罩亲自跑到商场去，节省了交通成本，缓解了结伴出行的压力，但又有陪伴购物的体验感，兼具娱乐消遣属性。同时疫情会在一定程度上造成人员流动、线下资源调配等受阻，企业主动转型线上谋突破，可以有效带动直播行业发展，同时也让消费者对直播行业有了新的认知。

实体商业相对于电商来说，最大优势在于场景体验。以往的线下百货商业，都是以人流为最大导向，并不太注重线上平台的打造和运营。在短视频和直播高热的时代，线上直播不仅具有带货功能，而且能够助力线下实体商业输出品牌内容，打造更加丰富、立体的品牌形象。商场直播不单纯是疫情下的产物，今后商场直播将成为一种常态，已有不少商家借此检验线上渠道，改进完善平台及服务，线上线下融合形成运营合力，为消费者提供更好的购物体验，给传统百货业带来新的活力。因此，线上线下不能剥离拆散，线上平台将是进一步完善顾客购物体验的重要工具。用户希望既能有到商场进行实地购物的体验，也能通过线上购买商品享受更轻松的社交体验。

所见即所得

看不见、摸不着的购物是传统电商的一大特点，最开始大家从一些电商平台看到的仅仅是商品的图片和文字的描述，没有其他信息。因此客户往往不能看到实物商品的特点和情况，例如客户在网上看到一件衣服，但是买到的商品颜色却与图片颜色有很大差别。针对这一痛点，商家采取电商直播的方式，以自己的店员为模特进行试穿，在多场景下展示衣服的样式、版型和颜色，让客户更清楚地购物。这样对商家而言，既解决了客户盲购的痛点，也省去了很多不必要的环节和时间。

在购物的时候，大多数人对商品价格的关注度较高。对于商家而言，采取直播电商方式，可以很好地解决客户这一痛点。商家从商品源头直接利用直播形式，给客户展示出来，因没有中间商而省去了很多中间成本，进而可以让客户获得更多实惠。

直播之于电商产品的独特，在于可以全方位、立体化显现出商品和使用场景，第一时间提供商品信息、购买渠道等，让用户在网购的进程中很好地感知商品的功能和用处。特别是美妆技能、家居装潢DIY等具有较强操作性的商品和服务，电商直播让用户现有的网购体验更加形象。

电商直播所售卖的是一种"所见即所得"的生活方式，可以近景看实物，给消费者展示更多的商品细节，让消费者掌握详细的使用说明；可以源头看批发，在更充沛的货源下，琳琅满目的商品满足购物和挑选欲；可以工厂看制造，溯源直播了解产品生产过程，省去中间商赚取差价，得到物美价廉的商品。商品和服务被植入视频直播内容中，就像旅游节目本身就是景区的广告，用户进行的是体验性和精神性消费。观赏视频直播的进程和消费网上商品的进程相互融合渗透，减少了购物的精神损耗和时间消耗，让消费过程更加顺畅。用户通过边看视频边购物达到的购买效果，和逛街购物、朋友推荐是一样的。

粉丝经济

粉丝经济泛指架构在粉丝和被关注者关系之上的经营性行为，是一种通过提升用户黏性，并以口碑营销形式获取经济利益与社会效益的商业运作模式。以前，被关注者多为明星、偶像和行业名人。比如，在音乐产业中的粉丝购买歌星专辑、演唱会门票，以及明星使用或代言的商品等。现在，互联网突破了时间、空间上的束缚，粉丝经济被宽泛地应用于文化娱乐、销售商品、提供服务等多重领域。商家借助一定的平台，通过某个兴趣点聚集朋友圈、粉丝圈，给粉丝用户提供多样化、个性化的商品和服务，最终转化成消费，实现盈利。

大众之所以更容易接受并且关注电商直播活动，主要是因为其拥有良好的互动性、内容广泛自由、具备很强的真实性等特点，是"粉丝经济"的一种营销模式。

当代社会中的人们承受着巨大的生活、工作压力，尤其是当代的年轻人，生活、工作节奏急剧加快，借助网络，他们便可获得一种认同感和归属感,这便是网民们热衷于网络社交最主要的心理原因之一。鉴于电商直播平台与主播类型不同,各自所拥有的粉丝也不同,通过某些相同的社会属性,比如社会热点当中某些类似的爱好、看法、职业、专业背景以及成长环境等,便可使人们获取工作以外强烈的认同感,从而通过主播反映出自己的理想和预期,而诸多想法与欲望也包括在其中。由于是直播,颇具现场感,方便粉丝们与主播间进行互动,拉近他们之间的距离,进而产生满足感。在和主播进行互动和交流之后,粉丝们在感官、视觉上均受到强烈的刺激,而这种刺激,在一定程度上,是一种巨大的诱惑力、吸引力。

对于那些神秘、不熟悉的人与事,人们常常抱有较强的好奇心,这属于人类常有的心理状态。网络主播将个人隐私和生活情况,通过网络平台进行展示,吸引着粉丝们的好奇心,并能使粉丝从中体会到新鲜感。实际上,粉丝对那些公众人物的生活状况好奇心更强,更想了解其生活,但与娱乐圈那些明星相比,网络主播更容易进行互动。网络直播在一定程度上展示了某些名人的隐私,且内容并非虚拟,因此粉丝们更容易亲近主播,这样可以带给粉丝无尽的新鲜感与刺激感,容易产生"哎呀他好努力,看到他生活就有了动力"的念头,同时也满足了他们的猎奇心。

以往的电商购物,用户仅根据搜索的关键词,在众多商品中进行挑选,不仅使人疲惫,也会让人出现选择恐惧症。传统的电商购物,对产品质量等进行辨别,只是通过买家、卖家晒图来完成，且上传的图片大都进行过处理，所以真实性大打折扣，影响消费者的判断。而直播时，亲和力强、平民化的网红主播，根据自身所掌握的专业知识成为意见领袖，进行食材挑选、服饰搭配以及化妆试用等，给粉丝提供更为真实、直观的判断机会，增强粉丝的购买欲望，从"我需要啥就买啥"，变成"你推荐啥我就买啥"，满足需求的同时促进消费。不仅如此，主播借助自己拥有高颜值和专业知识的优势吸引更多粉丝，从而可以积攒钻粉、铁粉等黏性比较高的用户。

直播带货的"完整链条"

时下,直播带货掀起了新型消费的热潮。疫情防控期间,依赖线下客源的企业和商家遭受较大冲击,直播带货通过一部手机在主播和消费者之间架起了一座沟通的桥梁,商家开始将直播带货作为重要运营工具,从主持人到企业家,从娱乐明星到各地县长,社会各界人士纷纷走进直播间推荐特色产品、加强供销对接。直播带货创新了消费体验、激活了市场,还成为推动脱贫攻坚、助力产业发展的重要抓手。直播带货对于拉动市场内需、推动经济复苏具有积极作用,也扮演着重要角色。

"直播带货"是时下电商行业备受热捧的营销模式，一大批名人、网红当起主播，还有一些普通人也玩起"直播带货"。直播带货有一个完整的链条，这里面的角色有供应方、链接方、品牌方、需求方、资源整合者。平台、主播、商家、用户和MCN机构，各司其职、各负其责，分工明确、界限清晰，是一个功能完备的闭环式产业链条。

供应方——平台：全新的"营销阵地"

　　在如今的共享经济时代，社交性电商一直走在发展前沿。很多软件开发商看到其中的商机，想制作一种专门适用于此类营销模式的软件，于是开展搭建直播带货平台。这种购物平台的出现，配合上专业的主播解说和表演，可以让商品展示变得更具有视觉冲击力，从而满足各大主播"边直播边卖货"的需求，成为一种全新的"营销阵地"。

购物平台

　　1.淘宝：作为直播带货行业的先驱者，淘宝直播的实力非常强劲，它已经培养了一大批主播，并且依旧在扩张中，新开播的商家数量更是劲增。背靠淘宝这个大购物平台，淘宝直播带货的优势可以说非常大。作为直播电商鼻祖，淘宝直播拥有千亿成交额以及 8 亿用户，潜力极大。淘宝电商有电商的先天优势，不需要主播挖掘货源，是一个非常好的直播带货入口。淘宝平台有极高的知名度和信任度，有这样的背景，人们本能地会对直播带货主播有偏向性和较强的黏性，购买欲望会更强，成交相对容易。为了刺激消费，淘宝直播推出了各种机制，包括佣金以及任务，还提供各种培训课程，帮助主播提升带货能力，并给予扶持力度。近年来淘宝直播的"双百计划""启明星计划""网紫大道计划"，均面向明星或自带流量的红人，吸引了诸如李湘、王祖蓝、卡戴珊、蕾哈娜等人气明星入驻，并依据主播的新增粉丝量和直播活跃度进行流量或广告排名，其战略目的在于以达人、明星为媒介，直接将场外流量转入淘宝直播。

2. 京东：作为中国电商 GMV 第二的京东，早在 2016 年就首度开通"送货直播秀"。2016 年 11 月 10 日，京东的超长直播秀成功吸睛，从早八点到晚八点，刘强东领衔 40 余位明星大咖，在手机京东开启了连续 12 小时的明星表演与京东送货直播秀，将"双十一"推向最高潮。国内明星直播虽然有，但一下子来 40 余位，还属罕见。京东全程明星直播秀，在发挥明星效应的同时，还构建了边玩边买的场景化消费模式：明星与粉丝实时互动、分享剁手体验、引导用户边看边玩边买。在这场长达 12 小时的京东直播大秀中，既有 24 位明星大咖与 4 位明星主持人开启12小时不间断直播互动体验，更有12位大牌明星亲自上门送货。从11月10日开始，数十位京东号的自媒体大V们还会在微信朋友圈为活动集体发声造势，起到了很好的预热烘托效果，这也是作为京东超级品牌日的合作方所独享的媒体资源。

3. 拼多多：拼多多是2015年9月上线的一家专注于C2B拼团的第三方社交电商平台。用户通过发起和朋友、家人、邻居等的拼团，以更低的价格购买商品。其中，通过沟通分享形成的社交理念，形成了拼多多独特的新社交电商思维。拼多多平台的商品已覆盖快消、3C、家电、生鲜、家居家装等多个品类，并以持续增长的速度，满足消费者日益多元化的需求。拼多多于2019年11月底首次尝试直播业务，邀请入口放在了拼多多热门的"百亿品牌补贴"位置。拼多多首场直播邀请的是微信公众号的母婴大V，观看人数超过10万人。在首次直播中，拼多多以社交裂变作为吸引流量与发放优惠的模式，用户邀请3位好友组团观看直播，每人即可获得商品5折专享券。2020年1月19日，拼多多正式上线面向商家的直播电商插件"多多直播"，下一步将推出面向C端的独立入口，直播功能将逐步完善强大。

短视频平台

1. 抖音：作为年轻人的最爱，抖音平台在短视频领域拥有头部影响力，做直播带货可以说有着天然的优势。为了布局直播带货领域，抖音直播推出了橱窗功能，消费者可以直接链接到商品，方便用户跳转购买。作为潜力巨大的直播带货平台，抖音优势很大。抖音是日活用户量多的短视频平台之一，4亿的流量非常适合直播带货。再加上开通直播带货的门槛非常低，很是值得入驻。抖音的用户大多为年轻人，这是平台的一大特点。他们追求个性化消费，且消费能力强，是直播非常适合的受众。

2. 快手：作为最接地气的短视频平台，快手的直播带货能力也非常强大。它凭借独特的内容生态和社区氛围，在直播带货市场积累了大量的经验。有趣的直播玩法也为快手种下了强大的带货基因。快手直播紧随淘宝直播推出带货功能，优势也比较明显。快手直播带货平台的主要用户，集中在三、四线及以下城市，渗透率很高，用户的黏性和发展潜力都很大。而且避开了一、二线城市的流量红利，使其在三、四线及以下城市的带货力得以发挥到最大。快手平台以"人"为主，主播会花更多的时间去维系自己和粉丝的关系，因此消费群体的黏性高、互动高、复购率也高。

社区＋工具平台

1. 微信小程序：小程序是一种不需要下载安装即可使用的应用。微信小程序由腾讯于2017年1月9日首次推出。这一应用形式，能使用户不再担心应用安装太多的问题，实现了应用"触手可及"的梦想，也体现了"用完即走"的理念。从2017年1月微信推出小程序，到2019年微信小程序全年成交额达8000亿元，同比增长超160%，微信小程序不断发展。2020年1—3月，微信小程序月均活跃用户规模超过5亿人，月人均使用时长也不断增加,从10.9分钟增长至13.2分钟。2020年,微信小程序进一步推出直播组件,SaaS服务商微盟、有赞等入驻小程序直播,商家可以将直播组件直接嵌入自己的小程序中,实现直播带货。以完美日记的"ABBY'S CHOICE完子心选"小程序为例,小程序中除了图文介绍,还融入了直播电商功能,消费者可以在小程序中观看直播并完成购买。在2月的小程序直播中,完美日记的购买转化率比其他平台高出2~3倍。不同于其他直播平台中通过主播吸引流量,这种立足商家的全渠道整合,可以更好地利用品牌商家已有用户群体,降低对主播的依赖度,并且具有更强的用户黏性。

2. 小红书:小红书是行吟信息科技(上海)有限公司于2013年推出的一款生活方式分享平台。小红书属于垂直海淘电商平台,主要包括两个板块,即UGC(用户原创内容)模式的海外购物分享社区,以及跨境电商"福利社"。小红书主打美妆、护肤、母婴、居家等类目,通过互联网和信息通信技术专业为用户提供海淘服务的平台,社区驱动电商,用户在这里可以体验完整的海淘服务。小红书作为女性生活与消费社区平台,是国内流量规模最大的美妆、香化等消费品的评分、分享社区之一。根据Questmobile的统计,2019年9月小红书的MAU规模达到7288万人,在国内垂直类圈层社交平台中排名第一。此外,小红书建立了成熟的内容生态,大量的机构、达人网红、美妆品牌入驻小红书并持续产出各种"种草笔记"。根据官方公布的数据,小红书社区每日产生30亿次的笔记曝光,其中70%的曝光出自 UGC 内容。小红书自 2019 年年底开始内测直播电商功能，并在 2020 年 2 月开启"企业号直播"功能。"企业号直播"针对的是经小红书认证的品牌方，目前需要小红书的官方审核后，才能开通直播权限。开通直播权限后，品牌方可由品牌代表、专业导购、KOL 在企业号中面向粉丝进行直播。已在小红书中开通官方店铺的品牌，可以直接进行直播带货，即在直播间中，直接跳转至商品页面下单购买。目前小红书直播生态中已有 1.3 万名创作者，直播互动率达到 25%。小红书用户以年轻女性为主、消费能力较强且重视消费品质，小红书的"种草"社区属性与内容特征，使其成为众多品牌宣传推广的重要平台。2020 年 3 月 26 日，奢侈品牌 LV 联合明星钟楚曦在小红书开展直播带货，开创首次通过互联网介绍新品先例。此外，华为在 2020 年 4 月发布新款旗舰机 P40 期间，在小红书与多位数码产品主播合作，开展了为期十天的直播活动介绍新产品。目前，在小红书直播的品牌包含奢侈品、餐饮、美妆等多个品类。

3. 美图秀秀：美图秀秀是厦门美图网科技有限公司于 2008 年推出的一款图像处理软件。美图秀秀针对手机摄影，拥有图片特效、人像美容等功能，能为用户提供专业智能的拍照、修图服务。它的操作和程序，相对于专业图片处理软件比较简单，可以让用户在短时间内处理好照片。2018 年 8 月 8 日，美图公司在北京正式发布"美和社交"战略，从打造独有商业模式、组织结构变革、产品社交化三个维度推进这一战略。作为美图公司的第一款产品，同时也是体量最大的产品，美图秀秀将以

"创建我的生活方式"为定位,全面升级为新型社交平台,打造美图系产品的龙头。统计数据表明,美图的用户具有强烈的社交需求。艾瑞咨询 2016 年的一份报告显示,中国主流社交网络上的照片,超过 50% 经过了美图系产品的处理。而美图秀秀社交化之后,则可以打通工具的社交闭环。通过十年的发展,美图秀秀已经建立了极大的品牌知名度和用户基数,从工具到社交过渡自然。2018 年 9 月 20 日,美图秀秀新版本全面上线,新版首页的上半部分是用户熟悉的工具模块,下半部分则会直接呈现社交模块,不需要再做点击跳转,这是美图近十年以来最大的一次改版。运营数据显示,社区的核心用户平均每天使用社区 25 分钟,浏览 75 张图片,打开社区 8 次以上。这表明越来越多的用户知道了美图秀秀不仅仅是修图工具,还是一个社交平台,这也更加坚定了美图公司"All in"社交的决心。未来美图秀秀将成为一个去中心化的社交平台,会让每个普通人都有存在感,并在此基础上匹配用户关系链,形成关系链,并最终让用户产生频繁互动。

游戏直播平台

1. 斗鱼:作为国内最领先的游戏直播平台之一,斗鱼为用户提供的游戏直播内容类型颇为丰富,基本覆盖了所有主流的游戏类型及头部产品,包括 MOBA 类的《英雄联盟》《王者荣耀》《DOTA2》,体育类的《FIFA》,FPS 类的《绝地求生》《CS:GO》,格斗类的《地下城与勇士》,SLG 类的《魔兽争霸 3》等。

同时，斗鱼也为用户提供包括才艺、音乐、户外和旅行等主题的直播内容，以借此吸引更为广泛的用户群体、提升用户活跃度和黏性，并提高平台整体的变现能力。由于直播这一娱乐形式本身更为强调主播与用户的实时互动，且需要较长的连续用户时长，因此平台也为主播提供短视频、图文（动态）等内容及功能，以帮助主播更好地利用碎片化时间与粉丝进行更充分的互动，促进用户交互与黏性的提升。相对于电商和社交平台的直播调性、内容覆盖面以及人群特征，游戏直播平台更为小众，以男性群体为主，能够带货的品类较少，主要带货方式为游戏主播凭借个人影响力，在直播期间对粉丝的购买意向进行引导，将游戏直播用户转为电商品牌用户。斗鱼电商直播项目，从2019年12月启动，到2020年3月，已经先后通过峰峰三号、正直博等户外主播，在直播带货业务上进行了尝试，与阿迪达斯、耐克等运动品牌展开过合作。斗鱼将开设独立的直播电商专区"王牌荐客"，明确了斗鱼购物定位——日用品、食品类、男性运动潮牌、科技数码等，斗鱼直播带货主要针对以男性为主的粉丝群体，在游戏推荐之外，满足用户的多样化消费需求。

2. 虎牙直播：虎牙直播是国内最为资深的以游戏内容为核心的直播平台之一，涵盖娱乐、综艺、教育、户外、体育等多种内容。其在游戏方面有丰富的独家资源，汇聚了最为火爆的游戏，如《英雄联盟》《王者荣耀》《球球大作战》《守望先锋》《炉石传说》《绝地求生》《和平精英》等。在游戏电竞方面，虎牙直播汇聚了众多世界冠军级战队和主播，持续为用户提供独家的直播内容。同时，虎牙还推出以手机开播内容为主的"户外直播"，搞笑搭讪、旅游探险、美女萌宠等新奇有趣的内容层出不穷，超强的人气吸聚能力，也使"户外直播"成为发展最快的泛娱乐品类，日活用户达1000万；开创了全球首个户外直播节目《荒野狂人》，颠覆观众对传统户外直播的观看体验。星秀直播是虎牙直播以传统秀场为基础拓展的新型娱乐直播，以好声音、舞蹈和脱口秀作为主要直播内容。品类内不仅有才艺爆表的素人主播，在与观众的互动中，形成了高度社区化以及高付费率的特性；而且，虎牙还实施明星主播化战略，邀请国内外知名艺人化身主播，在游戏直播、娱乐直播的过程中，使粉丝可以找到与明星偶像之间的共同点，增加了用户黏性。

链接方——主播：链接"上下游"的"桥梁"

主播在直播带货中扮演着重要角色，是连接生产和消费、沟通商家和用户的桥梁和纽带。有些主播直接在直播间销售商品，有些主播通过宣传为商家引流，不同主播在销售过程中担任的角色不同。商家需要对照自己的产品，以及预期的投入产出比，选择目标吻合、特点突出、符合预期的主播，才能让产品取得满意的业绩。

头部主播"降维打击"

"降维打击"，来自网络流行语，是指把攻击目标所处的空间维度降低,从而将其毁灭。生活中案例也屡见不鲜。比如在商业上:让康师傅销量下降的,不是某一家方便面品牌,而是逐步崛起、提供上门送货服务的外卖;腾讯要对付一家很有潜力的创业公司,根本不用费尽心力地去与之正面竞争,而是直接出钱收购。对于直播行业来说,站在金字塔顶端的头部主播或者明星主播,名气大、粉丝多、声势盛、销量佳,带货能力非一般腰部主播可比,这种降维打击远远超出你的想象。反过头来,看头部主播成长史,是先天优势+后天努力+恰逢机遇等多重因素共同作用的结果,可谓时势造英雄。

"淘宝直播的天花板"薇娅:2019年"双十一",薇娅以单日销售27亿元创造了中国直播带货纪录,开播3年累计销售超过60亿元。淘宝前直播负责人赵圆圆说,薇娅代表了目前淘宝直播的天花板。这个带货女王究竟有什么成功秘籍呢?薇娅也曾坦言,第一次直播自己手足无措,并不知道该聊什么,但她咬紧牙关,坚持了下来,终于在2017年10月10日的皮草冬装节中,薇娅用最有吸引力的价格和促销方案,打破了淘宝直播2000万元的销售纪录,一战成名。2018年"双十一",薇娅两小时直播销售2.67亿元,全年销售额高达27亿元!

成功原因分析:

薇娅的成功是个人综合实力的体现。首先,薇娅做过十几年服装生意,不论在微观层面对衣服款式、潮流趋势的把控,还是在宏观层面对服装产业及市场的理解上,薇娅都有绝对优势,她现在从事的全品类直播最初就是从卖衣服开始做的。其次,她过去从事服装销售的经历锻炼了她的推销能力,这种线下积累使得薇娅在直播中能够游刃有余。她的话术能力很强,核心卖点、促销信息都把握得特别到位,甚至什么时候语速要快,什么时候要放慢,什么时候要重复,什么时候需要加重音,她都拿捏得十分准确,做到在镜头前驾轻就熟。最后,薇娅的甜美外形也是很大的加分项。她是那种让女孩也喜欢的女孩,而女孩恰是直播买东西的主要群体。此外,薇娅曾当过主唱,也拍过广告,做过淘女郎,因此她的镜头感很强,也非常自然。总的来说,谁的成功都不是偶然,薇娅的成功与她个人综合实力密切相关,是一种厚积薄发,也是随风而变、借势崛起。

薇娅的成功是团队综合实力的体现。团队综合实力主要体现在招商能力和运营能力等方面。在招商方面我们发现薇娅卖的很多东西几乎都是全网最低价,低到连一些阿里小编都来抢的程度。薇娅直播通常讲究限时、限量、限价,在她的直播间永远有促销,永远有新产品,永远有你抢不到的商品,仿佛一场无限版游戏,这让消费者乐此不疲。而薇娅能够拿到全网最低价的原因与她背后庞大的招商团队有关,他们的招商品类涉及服装、美妆、食品、家电等,各品类下的核心成员均为在行业内摸爬滚打多年的老手,他们了解每年商品业内最好的生产商和出厂价。他们并不追求单品高佣金,而是追求成交数量,做到薄利多销,致力于发掘大众款通勤款,通过砍价拿到全网最大优惠。

在运营方面,薇娅拥有堪称全网最强的助理,直播间的综合环境也几乎是全网最佳。一些不成熟的直播间往往会出现上错链接、讲错宝贝、报错价格、讲错功能等播出事故，但薇娅的运营团队非常成熟稳定，他们不会出现任何低级失误，专业程度极高。优秀助理与大咖主播相辅相成，一些不需要薇娅发力的次要内容（引导关注、优惠信息、截屏抽奖、产品功能等）薇娅的助理都能妥善处理，而且在长时间内发挥稳定，工作状态很好。淘宝直播最重要的三个要素是人、货、场，人好货好前文已讲述，场在这里特指直播间。薇娅的直播间堪称全网最强，高清直播下商品的质感更好，颜色也更饱和，能最大限度地减少色差，降低退货概率。薇娅的习惯是无论走在哪里，必须要准备一个高清直播间，聘请专业人员进行设备调试，以突出产品卖点，更清晰更全面地呈现产品，让粉丝有身临其境的感觉，进而提高成交率。此外，薇娅直播间的声音效果也非常好，其身后配有介绍产品相关信息的大屏，且薇娅直播间第三方功能开发也做得非常好。所以，在直播领域，薇娅凭借个人的魅力、专业的基础知识、成熟的团队，在与其他小主播、小团队 PK 时，其降维打击优势非常明显。

"口红一哥"李佳琦：对于李佳琦，相信大多数人都并不陌生。他曾在淘宝直播，5 分钟之内就卖掉了 15000 支口红，在 1 分钟之内卖出 5000 个小金条，也曾在一场长达 5 个半小时的直播中，卖掉了价值 353 万元的产品，被称为"口红一哥"。

成功原因分析：

工作敬业，敢想敢拼。李佳琦至今仍保持着一年直播高达 389 场的纪录，也就是说，李佳琦不但全年无休，而且某些天甚至直播不止一场。在刚刚踏入直播带货领域时，李佳琦也满脸茫然。一切都只能靠自己，他自己去整理产品，自己去撰写文案，自己去设想直播中出现问题怎么办。直播的时候，面对数百万的直播观众，他需要一边讲解一边演示，同时还需要盯着直播人数的变化，根据观众对于产品的接受度进行调整，可谓眼观六路、耳听八方。可以说，仅是这一点就足以刷下绝大多数直播人。

先天优势。李佳琦的嘴唇十分有特色，唇珠明显、饱满内敛，非常适合做唇模。将口红涂在自己嘴唇上的李佳琦，有一种异样的美感，充分满足了女性对于口红的需求，这自然令李佳琦名声大噪。

专业能力突出，善于借势而起。李佳琦的专业积累从大学时代就已开始，后来又在柜台经历了长达3年的化妆品学习和销售实战，有效锻炼了销售能力，这为后续线上直播奠定了坚实的基础。接触直播后他开始涉猎各种品牌的口红，从单一品牌逐渐延伸至众多品牌，了解和掌握了品牌产品知识，这种亲身实践为他日后直播打下了扎实功底。此外，李佳琦是最早做淘宝直播的主播之一，这使得他拥有了先发优势，而5G时代的到来更让他借势火爆全网，也让李佳琦名声产生了巨大的传播效应。天时、地利、人和之下的李佳琦最终一飞冲天，成为不容忽视的带货达人。

具备客户思维。李佳琦知道客户想要什么，因为他推的产品自己都亲自尝试过。他会因为产品不好用或价格偏贵而拒绝推荐，这种站在消费者角度考虑问题的思维方式使他很容易获得客户的信任和好感。

相信公司。李佳琦其实有很多机会与其他网红机构合作，但即使在直播数据不佳的情况下，他也没有选择跳槽。因为美ONE集中精力打造李佳琦，而没有推其他主播，这是互信和相互选择的结果。没有信任就不能全身心投入，要做好就更难了，人才与平台从来都是相互成就的。

明星偶像"跨界直播"

随着直播带货风生水起、如火如荼开展，明星偶像的身影在直播间出现次数和频率日渐增多，他们或者"单兵作战"，或者"集体行动"，甚至"强强联手"，纷纷"玩起跨界"，迅速完成身份转变。他们或凭"颜值带货"，或凭"知识带货"，或凭"流量带货"，成功占领直播台的C位，将广大粉丝和拥趸带到了直播间。受疫情影响，电视剧、电影、综艺、通告的工作量大幅下降，各路明星另辟蹊径，结合自身定位，纷纷进入直播领域，逐渐成为一股不容忽视、日渐强大的新生力量。"硕果累累"的战绩，可见明星的带动力超乎想象。明星的流量和号召力意味着超强的带货能力，比起一般网红或者带货主播，其凭借自身优势和特色进行降维打击的优势就十分明显。

刘涛：2019年5月，刘涛入职聚划算，花名刘一刀。由于在一场直播中引导下单金额超过2.2亿元，刘涛又被冠以"爆款制造机"的名号。从热度、好评、带货量等各方面来看，最会带货明星头衔，应当由刘涛摘得。分析刘涛的直播间，没有生硬地给产品打广告,而会让人很自然地沉浸在"刘涛式"亲和力十足的介绍中,"刀客"们在直播间体会到的是,她真的在分享自己所喜欢的好物。不仅如此,几场直播过后,刘涛还让商家看到了其强大的拉新能力。其带货能力一方面源自她的明星身份自带的大量流量,另一方面,源于她的个人形象和敬业精神。为了保证直播间的效果,刘涛直播现场甚至没有开空调,她觉得空调发出的杂声会影响到消费者的感官体验。没有明星架子,却有敬业精神的刘涛在直播界声名远播。

汪涵:作为湖南卫视知名主播,汪涵活得像是互联网局外人,甚至一开始连"包邮"的意思都不知道,被网友调侃为老干部式直播。尽管汪涵在直播前没有任何社交媒体账号,宣传造势都难以下手,但架不住演艺圈和娱乐圈的各路人马助力,首场直播4个小时,2000万网友观看,成交额达1.56亿元,一时刷新明星带货纪录。相比于其他明星的"纯粹带货",汪涵丰富的学识积累,让其直播间更有特色,让消费者看直播的同时能够增加知识面和信息量。听汪涵的直播,就像是在补"课外知识"。譬如,在介绍飞天茅台酒的时候,他将茅台酒酿造过程娓娓道来:"采用九月重阳投料,然后在高粱的收割季节,采用特有的高粱……"汪涵走出了一条不同于其他主播的道路——靠知识带货。

周震南:周震南早年参加腾讯视频选秀节目《明日之子》,以全国总决赛第4名的成绩正式出道,之后演唱了不少精彩的歌曲,凭借优秀的"周氏唱腔",得到了不少网友的喜爱。呆萌的外表和可爱的性格,也助力周震南打开了知名度,不少活动都向他抛来橄榄枝。周震南作为某纸巾品牌代言人，做客李佳琦的直播间，也是亮点满满。李佳琦在镜头前，滔滔不绝地介绍着纸巾的优势，来控场带动气氛，周震南就像是吉祥物一般，乖乖地坐在一边，时而看看手机屏幕。偶像在粉丝心中，几乎是"萌宠"一般的存在，偶像直播带货甚至无须特别策划，出场即是粉丝疯狂下单的理由。在选择偶像作为主播或者直播间嘉宾的时候，选品尽量选择没有明显人群取向的日常用品或食品，让消费者正在下单时降低对主播专业性的顾虑，更多地被偶像魅力所驱动。

网红达人"纷纷加入"

和明星不同，网红多以生活化的场景示人，没有明星那种"遥不可及"的距离感和神秘感。一般网红的人设更接地气、更真实，更容易给人以信任感和亲切感，也拥有数量可观的粉丝，因此其品牌力、带货能力都不容小觑。

李子柒是微博上非常火的一个美食短视频博主，她的短视频火遍全球，微博有 1965 万粉丝，抖音也有 4000 万人的关注度。酿酒炖肉、染衣织布、稻田里插秧、竹林里挖笋、荷塘里采莲、森林里纵马扬鞭……无所不能。她的成功给了很多人一种错觉，就好像在移动互联网时代的风口下，成功总是来得很轻易。但罗马不是一天建成的，在刚开始拍视频时，她一人架起一个三脚架拍摄，每一个视频，从拍摄到剪辑，需要用上几天的时间，拍摄过程非常艰辛，需要反复优化。看李子柒的视频，觉得她什么都会，但背后是她的不懈努力付出。为了酿造传统黄豆酱油，她从种黄豆开始；为了做蛋黄酱，她从养小鸭子开始；为了给年迈的奶奶做一床蚕丝被过冬，她从养蚕开始，并且还展现了手工蚕丝被制作全过程。这个穿着粗布汉服干农活的姑娘，执着于回归万物本质，用中国传统技艺展现美食、器物从无到有的制作过程。李子柒的视频，将"春耕夏种秋收冬藏"的四季农作、"纺纱织锦烹茶煮酒"的田园生活演绎得淋漓尽致，整个视频虽不着一言、安安静静，但却圈粉无数、名满天下。作为网红达人，李子柒进入直播领域是典型的顺势而为，直播间仅仅是高人气的变现空间。

CEO"直接下场"

后疫情时期，直播电商成了精明的企业家群体的不二选择。就在罗永浩首播的第二天，携程董事局主席梁建章也在抖音做了一次直播，全程一小时，总互动人次171万，销售额达2691万元。紧随其后，复星郭广昌、三一重工梁林河、格力电器董明珠、百度李彦宏、搜狐张朝阳等各路大佬也纷纷加入直播带货行列。企业大佬投身直播带货，或多或少地是在布局直播行业，像他们采取的模式，更多的是为了宣传推广自己的企业、产品，而且这个效果比打广告效果更好且成本更低。所以企业家"下场"搞直播带货，更多的是赚吆喝、赚人气。

董明珠：传统企业龙头依靠直播抗击冲击，抖音成为制造业企业复苏工具。格力电器以线下为主的经销模式，也受到疫情的强力冲击，董明珠在接受央视采访时表示，格力电器 2 月销售停滞，公司一季度业绩收入同比下滑 203 亿元，利润下滑 77%。强大的冲击下，董明珠作为传统线下营销的企业家代表，在 4 月 24 日开启首次抖音直播，现场讲解格力电器主力产品，并接受新华社专访。虽然董明珠在次日直言带货效果很"失败"，但董明珠在依靠自身流量，为抖音直播提高热度的同时，也验证了抖音直播完全可以作为制造业企业营销和复工的工具。

罗永浩：罗永浩宣布将在抖音进行独家带货，抖音为其提供全面的流量推荐。罗永浩的加入，迅速提升了抖音在直播带货领域的关注度和影响力。根据抖音官方的数据，罗永浩带货首日吸引超过 4800 万人次观看直播，总销量 93 万件，创下了抖音平台当时已知的最高带货纪录。而抖音依靠罗永浩强力的 IP 属性，为其直播电商带来了巨大的流量和关注度。

官方"助力地方"

湖北地区因此次受疫情影响严重，许多商户收益下跌，造成了不小损失。为了帮助湖北解封鄂地重启，尽快恢复生产生活秩序，央视名嘴联手众多明星，通过个人出镜、整体亮相、跨界组合、联袂出演等方式，为湖北带货，为武汉打气，助力农副产品销售。央视主持人以自身积累多年的知识储备，使直播更有温度、传播更有速度，不仅展示了央视主持人的个人风采，让观众们看到主流媒体风趣、活泼的一面，还将"国家队"直播带货这一新风潮推向高点，吸引网友纷纷下单，取得了惊人的销售额。此外，各地党员干部也纷纷上阵，走出会议室，走上直播间，为家乡或所在地的产品直播站台。直播间的流量，不像往常仅仅属于娱乐明星或网红主播，也属于新近走红的一个特殊群体——县长。通过县长为"地方代言"，扩大影响、提高销量，实现了经济效益和社会效益的双丰收。

诸县长"为地方代言"：疫情之下，多地的农产品滞销，越来越多的"县长"们创新农产品销售模式，利用短视频平台直播形式，通过直播带货，为农产品销售开辟了新的渠道。"自古好山好水出好茶，紫阳的茶氨基酸含量非常高，口感丰富、栗香浓郁、入口回甘，色泽也是非常清亮。"紫阳县县长陈莲站在茶园前，通过腾讯微视与网红主播连麦，助力茶农卖茶。秦巴腹地、川陕交界，受汉江水滋养的紫阳山清水秀，生态环境绝佳。变生态资源优势为经济效益，使当地优质的农特产品走出秦巴山，走向消费者，直播就是一座桥梁，联通了紫阳与外部世界的信息，打破了自然环境带给紫阳的限制与束缚。

濮阳市濮阳县县长孙庆伟、南乐县县长曹拥军、台前县县长王俊海、清丰县县长刘兵先后通过多渠道直播，一起为濮阳农副产品加油，大力宣传本县特色产品：龙都鹅蛋、牛肉耗辣椒、羽绒服饰、生物基材料制品、小龙虾、小番茄……接力直播带货6小时，共成交约20万单，交易额达1500万元。

政府人员为辖区内企业带货，是近两年兴起的直播带货新趋势，这种带货模式的优势在于，在专业直播团队的助力下，政府官员亲自出镜，为辖区的产品进行推介，在建立良好口碑的同时,也体现了政府对企业的关爱。但这一点,仅仅是政府人员带货的直接意义和价值,从更深层次意义来说,政府人员带货,应代表的是政府对企业发展的支持,其要实现的不仅仅是直播间的数据,更重要的是帮助企业和生产者搭建产业链,这才是政府人员直播带货的隐藏价值。

品牌方——商家:所谓"金主爸爸"

不知从何时起,客户已经变成了大家口中的"金主爸爸"。由于直播营销具有不受地域限制、受众面广、产品直观、交互性强、成本更低、操作简单、效益更好、客观等优点,越来越多的商家将精力、资金、资源由传统营销向直播营销领域转变布局。

上市公司

随着直播带货的兴起,很多上市公司闻风而动,纷纷加入直播带货。一方面,采用高管自己带货、聘请明星代言人带货、"线上直播+红人主播"等多种方式,助力旗下产品销售,为公司营销推介,这是上市公司加速数字化的转型策略。另一方面,以迎合消费者喜好的沟通方式,将产品推送到大众面前,生成粉丝与消费者之间的转化,通过持续实现流量变现,赢得投资者的信任,提升投资者信心,进而赋能品牌持续扩大社交消费市场,促进品牌效应的远播,使企业实力和竞争力日益强大。

以线上直播形式发布旗下各品牌新品：3月23日，中国日化行业百年龙头企业上海家化，通过直播方式举办了"智美·智造·智生活——2020上海家化品牌云盛典"。品牌盛典是上海家化一年一度的大事，在当前新冠肺炎疫情的特殊时期，上海家化首次开启线上直播模式，面向消费者、经销商、行业专家、投资者、媒体人士等，发布了未来一年品牌的规划和新品。上海家化品牌覆盖美容护肤、个人护理、家居护理三大品类，拥有佰草集、典萃、玉泽、双妹和美加净等庞大的产品矩阵。上海家化今年首创线上直播形式的品牌云盛典，特别邀请到直播带货的当红主播李佳琦。李佳琦在视频中表示，玉泽、佰草集等家化的品牌产品，均在直播间被他所推荐，他对上海家化在2020年即将推出的新品也充满期待。

善于发挥明星效应：在2016年的第69届戛纳国际电影节中，欧莱雅在美拍的"零时差追戛纳"系列直播，全程记录下了包括巩俐、李冰冰、李宇春、井柏然等明星在戛纳现场的台前幕后的表现，并且明星们还可以通过美拍直播平台和观众进行互动。此次"零时差追戛纳"直播活动，创下了总观看数311万、总点赞数1.639亿、总评论数72万条等各项纪录。直接市场效应就是，直播四小时之后，李宇春同款色系701号CC轻唇膏在欧莱雅天猫旗舰店售罄。

重视网红效应：2016年4月14日，美宝莲在纽约举行新品发布会，除了对其新代言人杨颖进行现场直播，同时还邀请50位网红开启化妆间直播。50位网红一边直播，一边进行解说，

50 种不同的解说方式各具特色，让观众通过不同的描述，多方位体验到美宝莲化妆品的使用感受。同时，美宝莲的代言人杨颖也在化妆间开启直播模式，亲自示范美宝莲新品唇露的使用方法。在不到两个小时的直播里，带来了超过 500 万人次的观看效果。当天该活动使美宝莲整体无限访客比前一天增长了 50.52%，而配合互动，销售转化也成果斐然，直播当天，新品唇露就实现了 10607 支的销量，刷新了天猫彩妆唇部彩妆类目下的纪录。加上其他网红带来的销售额，美宝莲纽约发布会的最终利润高达 100 万元。

知名品牌

人们购买知名品牌，有的是为了仪式感，有的是为了品牌形象。过去的豪奢品牌，一直给人高高在上、遥不可及的感觉。由于新冠肺炎疫情影响，这几个月的销量迎来"至暗时刻"。因此不少知名品牌放下身段转战电商，开启直播带货模式，其中包括我们熟悉的 Dior、LV 等。不管是直播间布景，还是展示商品的方式，都审美在线，因此取得了不错的口碑和销量。但需要注意的是，对于这类品牌而言，过于接地气不仅影响品牌的形象，也会让宣传效果适得其反，因此大牌名牌要在直播中把握尺度，在维护好品牌形象的同时，通过直播增加销量。

借助直播平台做大做强：2016 年 9 月，著名化妆品牌法国娇兰第一次试水直播，与天猫直播合作推出"杨洋百变洋装"。在 1 小时的时间内，获得了 5 万粉丝，销售了 10000 支唇膏。2017

年 3 月 14 日白色情人节，法国娇兰联手天猫打造"超级品牌日"，再次请杨洋做客天猫直播间，主持法国娇兰当天的新品首发活动。在整场直播活动中，互动总人数高达 3837 万人次，天猫直播间点赞 842 万。他们还联合了斗鱼、花椒、一直播、爱奇艺等 10 多家大型直播平台，进行同步直播。杨洋作为主播，向观众推荐的娇兰帝皇蜂姿系列，在当天销量增加了一倍。法国娇兰虽然在 3 月初就开始做直播的预热活动——在官方微博上发布"杨洋就爱养眼女人"的话题，但是直播才是其销售方案的主体。与 2016 年的直播相比，2017 年法国娇兰在直播上花费了更大的成本，无论是杨洋的形象打造、直播会场的布置效果，还是上海直播会场，与北京、杭州、昆明、南京、沈阳、哈尔滨这六大城市专柜的现场链接，都可以看出法国娇兰对粉丝互动的重视。在法国娇兰这场活动安排的所有计划中，几乎都是围绕着直播来执行，直播才是真正实现与全国粉丝互动的重点方案。

重视发挥明星效应：2016 年 5 月，宝马 MINI 在新车拍摄现场，首次邀请井柏然、阮经天、秦昊、杨祐宁，并联手《时尚先生 Esquire》杂志在互联网上进行连续 3 天的拍摄直播，为新一代的 MINI Clubman 做宣传。四位男神级别的明星吸引了一大帮年轻人的眼球，在 3 天的时间内，已经有 530 多万人，在映客观看了这场直播。这足以证明，宝马 MINI 的首次直播营销，带来巨大的影响力。宝马 MINI 是首个将拍摄片场搬到直播平台的国际品牌。与美宝莲纽约这类化妆品来进行比较，宝马 MINI 的汽车，是一个市场定位相对高端的产品，所以宝马 MINI 的客户对象，不是所有的消费者，而是具备一定消费能力的中高端消费者。宝马 MINI 即使在直播的过程中，也必须对中高端消费者，保持应有的高端品牌形象。因此，宝马利用四位"男神"的形象，带动了宝马 MINI 的品牌形象，同时利用这四位"男神"的粉丝圈，扩展了宝马 MINI 新品的销售市场。这些都是宝马 MINI 的聪明之处，让直播这种"草根"的传播方式在高端产品与明星的光环下变得更加有档次，而不是让品牌跟随着直播变成了"草根"。

注重创新营销模式：作为全球日化企业宝洁公司旗下的重点品牌之一，汰渍早期采用的营销模式是"价格策略"，也就是通过降价活动，来吸引一批消费者，等积累了一定消费者群体后，再将价格提升。但是在提升价格的过程中，不可避免地造成了消费者资源的流失。并且，在降价的过程中，还要投入大量广告成本，来维护品牌形象。这种传统营销的模式，在最开始的时候，还能够获得一定的成功，但是伴随着移动互联网的发展和智能手机的普及，该模式已经无法满足大部分消费者需求。因此，汰渍开始改变，利用一些新型营销模式，来拓展消费者市场以及维护品牌形象。首先聘请了当红明星张艺兴，作为品牌代言人，在 2016 年 8 月 22 日，邀请张艺兴参加当天天猫的品牌直播活动。整场直播下来，张艺兴累计获得了 1690 万的点赞和将近 5 万的评论，成为当时天猫全品类互动第一，让汰渍洗衣液荣获"国民洗衣液"的称号。在直播过程中，张艺兴亲自演示汰渍产品的去污效果，让新品在刚推出的时候，就在线上被秒杀。实现了让观众边看边买，让品牌在营销的过程中不断地获得利润。

自创小众品牌

自创小众品牌,可能不是实力超群、独领风骚的"巨无霸""独角兽",但可以是各行各业细分领域的"冠军""执牛耳者",小众品牌有颜有料、有技术、有调性,可以用颜值动人,或者以技术取胜,通过直播带货方式,和明星、KOL共创内容,邀请做客直播间,与用户进行交流互动,进行矩阵式联合种草,可以吸引拥有庞大人群数量的年轻消费群体,宣扬差异化的价值主张,满足个性化的自我需求,引导小众品牌发展壮大,引领当今时尚潮流,构建品牌和消费者之间有效沟通的纽带和桥梁。

具备独特艺术魅力的花西子:2020年5月10日,中央电视台携手天猫国潮,举办了中国品牌专场直播活动。这场以"促消费,扩内需,展品牌"为主题的合作直播,既有央视新闻客户端、央视新闻官方微博及淘宝直播三大平台共同助力,又有"最火带货王"李佳琦与"最强段子手"朱广权组成的"小朱配琦"组合重出江湖,可谓引燃全网。作为最具权威性的国家级媒体,央视为中国品牌搭建起的直播平台,自带强大信用背书与超高受众关注,而与天猫国潮的联手,则开创了直播+新国货+电商的新思路,更快更好地助力中国品牌成为消费群体的新选择。直播当晚,备受关注的"小朱配琦"组合多次为观众带来惊喜,他们凭借着诙谐生动又不失真诚客观的介绍描述,让诸多当"潮"国货供不应求。这其中,以牡丹镂月浮雕眼影盘入选当晚直播产品的花西子,也再度凭借其神仙颜值与软糯粉质惊艳全网。刚刚打开眼影盘,朱广权便不由自主地发出"哇"的感叹,直言看到盘体的第一眼,便觉得它像一扇微型屏风。全盘由九色粉体构成,结合古典屏风元素,施以传统浮雕工艺,使百鸟形态各异,凤凰振羽欲飞,既完美体现了百鸟朝凤眼影盘的匠心与精美,更以独特形式展现出传统浮雕工艺的大气与魅力。而朱广权对浮雕工艺的悠久历史与发展过程的讲述,也让万千观众更为深刻地感受到花西子的品牌底蕴。除了以东方工艺打造极具艺术气息的外观外,在产品使用感上,花西子同样下了苦工。专研于古方的花西子,始终秉持"东方彩妆,以花养妆"的理念,在粉体中特别加入珍珠粉成分,再佐以牡丹花、金盏花等多种精华,使得粉质细腻服帖、晕染自然,不仅较好地温养了眼部肌肤,更同时满足腮红、高光等多种需求,也难怪朱广权捧着眼影盘会直呼"舍不得用",更评价花西子"使艺术融入了品牌和个人生活之中"。

在介绍百鸟朝凤眼影盘时,朱广权立时联想到了传统民乐,实际上,花西子为其命名"百鸟朝凤",是借一古老传说表达美好寓意。传说凤凰原本是一只不起眼的鸟,因百鸟衔羽报恩,便有了华丽的羽毛。而花西子以此为名,也是愿卿如凤,有百鸟相拥。"花西子这个名字,其实是分开来念的。花,代表了他们家以花养妆的理念,他们的产品中也都会加入一些传承于古方的精华。西子,则来源于那句'欲把西湖比西子,淡妆浓抹总相宜',是说女性无论浓妆还是淡妆,都可以打造出非常美的妆容。"在聊起花西子的品牌历史时,李佳琦向朱广权这样介绍。

五年以前,国货彩妆,仍处于缺乏竞争力、缺乏市场、缺乏受众的困窘阶段。彼时的国货彩妆,在国人心里始终有着"伤肤不健康、廉价不高端、模仿没特色"的隐忧与顾虑。而诞生于这一时期的花西子,从创立品牌的最初,就将"解决国人化妆痛点,打造让国人引以为傲的东方彩妆品牌"作为自己的初心与愿景。4000年的中国彩妆历史,给了花西子底气;而传承千年的古方,则给了花西子灵感,从《神农本草经》到《御香缥缈录》,花西子坚持复刻古方,十继承传统精粹的基础上加以创新,灵活复刻多种东方工艺,不断创造出一个又一个兼具艺术之美与实用功效的产品。花西子不仅身体力行地改变着大家对于国货美妆的刻板印象,更将自身作为国货品牌的一个符号,走向更为广阔的国际舞台。

自产农副产品

直播销售已经成了一个不错的营收渠道,不管是商家,还是个人,通过网络直播平台,都可以推销产品,很多商家都纷纷融入、加入"直播战队",但不只是商家,在农民群体中"触网"频繁的网络红人,照样可以收获大批粉丝,并能利用直播带动家乡农副产品销售。当直播遇上电商,科技借助平台,两者都会成为互利共赢的"结合体"。现今时代,直播平台直接成了电商带货神器,而农村电商的直播,能够助力家乡农副产品的销售与发展,玩起直播的农民网红,也能在直播中带动并销售当地特色产品，通过直播电商拓宽销售渠道、争取可观销量、获得丰厚收益，走上致富之路。

甘有琴就是这样一位玩起直播的农民网红，今年30多岁的她，虽然不擅长电脑打字，但她通过短视频记录并展示自己的乡村生活，炒菜做饭、撒网捕鱼还有爬树摘果子等普通生活，都吸引了不少网友粉丝，并利用直播带动家乡农副产品销售，2019年她在直播上卖出了35万公斤的荔枝。除此之外，甘有琴还帮助当地建档立卡的贫困户卖货，在直播中销售农副产品，成功为当地的贫困户提供了一个可就业的岗位，开展自己的电商基地，并有一个发货仓库，专门存放待售的农副产品，推销橘子、百香果等水果以及家乡特色黑米粽等产品，并会在电商基地与客服一起解决消费者提出的问题。如今的她，就是农民中的电商网红。

广西壮族自治区柳州市柳城县委副书记罗长青、县政府副县长兰海波分别进入了直播间，与柳州网红主播搭档，与网友们打招呼，向广大网友倾情推介了柳城云片糕、牛腊巴、茶叶、蜜橘、木瓜丝、沃柑、香米、酸笋等特色农副产品，绘声绘色地讲述了这些产品的民间传说、小故事，以及它们的生产及制作过程、特点、口感等，获得网友一致热赞，不少网友纷纷下单购买柳城特产。据统计，在当晚1个半小时的直播时间里，累计超过7万人次进入直播间，共售出扶贫产品木瓜丝5200多瓶、沃柑3850多斤，以及凤山云片糕1260余盒。

新疆焉耆县委、县政府紧跟时代潮流，举办"扶贫助农爱心飞扬"直播带货活动。目的在于推动互联网经济，培育壮大特色优势产业，促进产业升级，打造焉耆富硒产品品牌，助力"消费扶贫"。本次直播带货推销蒜味油辣椒、大盘鸡调料、火锅调料、硒小馕、焉耆红辣皮子、三宇香草冰淇淋酸奶、三宇焉耆老酸奶共七种焉耆特色产品。县委副书记、县长苏晓莉亲自上阵直播卖货，各路达人纷纷助阵，引得直播间一片火热。此次直播卖货时长3小时，累计观看人数2.8万余人，点赞量达32万，累计带货4300余件，销售金额达17.17万元。

需求方——用户："潜在"购买者

在网络直播平台上，用户能够自由充分地表达自己的意见，与主播进行有效的互动交流，在共存的空间互动中，不断强化用户的认同感和归属感，使之与主播和其他用户之间建立强有力的、黏合度高的、积极有效的人际互动关系，极大地满足了用户自我表达和及时反馈的需求，为用户提供了更具参与性和人际互动性的良好体验。有了良好体验，才能做好用户痛点的深度感知与满足、隐形需求的挖掘与引导，增加用户购买的冲动和欲望。因此，我们要在细分市场中明确用户分类。

出击型用户

出击型用户属于直播平台的种子用户或者"发烧友"用户，他们**有强烈的自我表达意愿并乐于参与**，对音乐和创意视频制作、剪辑有着极高的热情，希望自己的作品可以曝光给更多的人。他们有自己明确的目标和喜欢的话题，喜欢的明星或热点、流量在哪里直播、出现，他们就会去哪个直播平台。他们同时使用多个直播平台，覆盖各路明星，除了明星也会观看其他信息，看到了什么有趣就会关注。对于这一类型用户，哪些内容会吸引他们呢？一是健康、喜悦、积极向上，这类主题鲜明、意义明确的直播内容。健康是人类永恒的话题，直播企业和个人在这类内容的策划上，要根据人们普遍关心、普遍存在的问题进行设计。比如，一日三餐的问题是每个人都关心的，若是能别具匠心地组织一些食疗、养生方面的实用内容，则可以满足出击型用户的需求。但只有从事健康养生的专业人士才能驾驭这类内容。喜悦、积极向上，能让人观后万事千忧都付之一笑的主题，当然容易受到欢迎。人生在世，心思总是波涛翻涌，看不开、想不透、认不清、辨不明的时候，就会烦恼丛生，若直播内容刚好直击人们内心，那么想不被关注都难。因此，商家和主播在进行直播内容设计的时候，要设身处地地为用户着想，将其当成自己的亲人、朋友。二是知识面广、信息量大的直播内容。如果直播内容能让人开阔眼界、增长见识，出击型用户便不会排斥。从政治、军事、经济、文化、社会、民生等方面，都能找到人们感兴趣的话题。这就需要商家和主播，根据用户的特点和自身所能驾驭的题材，有针对性、目的性地进行输出。这样不仅能让出击型用户增长见识，同时还能让他们感觉，商家和主播像宝藏一样，有取之不尽、用之不竭的鲜活题材。三是幽默搞笑，能给人减压的段子。在网络年代，人们更喜欢在自己关注的领域里得到放松，出击型用户也不例外。而商家和主播若总能适时为用户制造欢声笑语，用户就会发自内心地对其产生好感。毫无疑问，接地气、贴近生活的幽默内容，更容易受到欢迎。四是与生活相关的直播内容。衣、食、住、行，是人类最基本的需求，只是花样不断翻新。吃得越来越精，住得越来越好，服装每年换样，出行的交通工具的选择更多，这些和人们日常生活息息相关的事物，总能牵动人的神经，但只有流行、时尚的事物，才能引发出击型用户的关注、吐槽和消费。所以，衣服、食物、美容、名车、名表、名宅等，一切与生活相关的内容，只要有新颖、时尚这两个关键词，总会有粉丝来捧场。所以，若能将这些内容做到精益求精，便会赢得潜在消费者。

追随型用户

追随型用户大多是走在时代前沿的年轻人，这类用户欣赏网红型达人精彩的作品，也渴望自己能够拍摄出同样炫酷的视频，所以他们需要在平台寻找他们心中的明星，追随他们，向他们学习，参与主播的挑战话题。这类用户不但能带动直播间气氛，而且传播的力度非常高，尤其是他们喜欢的主播的一些特点，很容易在他们活动的群体中进行传播。对于追随型用户，一方面要让他们拥有一定的活动建议权。商家和主播要想与用户产生积极的互动，举办各种线下、线上的活动必不可少，小米的米粉节和同城聚会等，就是为了达到这样的目的。但仅仅参与是不够的，还要让追随型用户拥有一定的活动建议权，这样能促进用户与主播之间的互动，提升黏合度。比如，在直播活动主题确定之后，发布相关主题讨论页面，让追随型用户进行讨论，然后将直播活动主题进一步完善。可以让追随型用户经过讨论，确定直播活动的一些细节。直播时代，追随型用户已经不是单纯的接收方，而是直播的重要组成部分，所以不管有多密集的活动，都要尽可能开通"粉丝意见大通道"，甚至举办选拔活动，邀请用户直接加入策划和执行。这样，就能明显提升与用户之间的互动，而这个选拔活动也会成为品牌宣传的重要途径。另一方面，直播话题带有"情绪化"。什么样的情绪容易引发用户的互动？喜悦、同情、愤怒、惊讶、娱乐等。哪些内容最容易引起粉丝的大讨论？无外乎中奖信息（喜悦）、社会热点思考（同情）、与其他品牌进行"战斗"（愤怒）、对某种功能或话题的深度解析（惊讶）、借助社会热点吐槽或再创造（娱乐）等。所以，把握好这几个细节，就会给追随型用户带来情绪化引导，最终促进与追随型用户之间的互动。这两种策略，是商家和主播在与追随型用户互动时需要灵活运用的，单纯依靠某一种显然不能将用户的热情点燃。所以这就是一些直播玩得转的商家，会在不同的战场——微博、微信、贴吧等，开展一轮又一轮活动和话题引导的原因。只有让追随型用户真的"活"起来，愿意主动互动，才能体现品牌的活力和服务。

观望型用户

观望型用户就是我们通常所说的"吃瓜群众"，这个群体应该是所有主播最常遇到的直播观众,主要是内容的消费和分享者。他们并没有固定的偶像和观看目标,上平台只是想寻找、看看精彩的作品,丰富自己的碎片时间,希望在与朋友有社交时有话题可聊。他们将直播当作释放压力和轻松娱乐的重要手段,有趣的直播是他们趋之若鹜的。他们关注的主播不仅颜值要高,更要有独门才艺和吸引眼球的地方。如果主播没有新意且无趣,没有特别的直播魅力和人格魅力,那么这部分观众就会取关,转头寻觅新的主播与平台。

首先,直播要注意一下沟通技巧,才能真正将观望型用户留人留心。一是观望型用户需要丰富表情和肢体动作吸引。观望型用户常常举棋不定、犹豫不决,只有想方设法调动直播间现场气氛,让观望型用户尽可能多地参与进来,才能吸引目光,增加驻留时长。而表情和动作是最能打动人、最能吸引人的方式,比剪刀手卖萌,比爱心表达温馨,用吐舌头来传递可爱,可以让观望型用户感觉到热度和温度,愿意与主播进行互动关注,进而对主播产生好感,从而"爱屋及乌"发生迁移,实现"由此及彼"流量变现,对主播带货的商品产生浓厚兴趣,进而形成购买意向,最终完成交易。二是观望型用户需要幽默语言和风趣段子来解闷。很多观望型用户进入直播间目的是休闲娱乐、放松心情、打发时间,如果主播口若悬河、风趣幽默,抛梗不断、段子连天,那么这本身就是吸引观望型用户的"利器"。但如果自身并没有太多的幽默细胞,也不要紧,可以有针对性地积累趣事逸闻、收集热点探究、寻觅娱乐八卦,让观望型用户觉得主播"无所不知""无所不晓",进入直播间可以长见识、拓视野、获乐趣,从而在直播间停下脚步,并以真金白银支持主播。三是观望型用户需要真情实感和用心守候当陪伴。网络空间虚无缥缈,人与人信任度和关切度有限。只有真实感受和生活经历才能"动之以情""晓之以理",真正实现"面对面交流""心与心沟通"。当我们在直播间分享生活趣事、游玩经历和爆笑糗事时,会让观望型用户觉得"感同身受""身临其境",迅速拉近主播与观望型用户的心理距离,让其主动敞开心扉倾力诉说,心灵港湾有人陪伴和守候将不再空虚寂寞。通过进行心与心的交流、情与情的传递,让观望型用户产生"他真的懂我""相见恨晚"的感觉,从而让流量变现更加容易,收获想不到的惊喜和回报。

其次,注重发挥"四维演绎法"的作用。所谓"四维演绎法"是指一套适用于直播间的一种用于推荐产品的高效讲解方法。第一个维度:要注意培养用户的认知,即认知萌芽。主播通过讲解产品的特性、卖点和与众不同的地方充分为粉丝种草,触发其购买产品的想法。第二个维度:利用多元化的场景告知粉丝产品的使用用途,暗示粉丝并以此激发粉丝的购买共鸣感,即场景共鸣。具体来说就是一个产品在不同场景中演练使用方法,能够进一步激发观望用户的购买欲望。第三个维度:通过利益刺激快速激发观望型用户的购买冲动,即利益刺激。可在直播间通过一些利益刺激使观望型用户由观望向购买行为转变。第四个维度:通过限量销售、限时秒杀等饥饿营销行为促使那些犹豫不决的人最终做出购买决定,即终极秒杀。

资源整合者：黏合各个环节的"中介"

一方是直播网红资源，一方是电商卖家，两个齿轮吻合的需求催生了资源整合者，也就是所说的协调各方步调一致、推动各环节高效黏合的"中介"。资源整合者可以让整个蛋糕变大，无论是原有的参与者，还是新加入的资源，都能获得回报、赢得预期。

MCN 机构

多频道网络（Multi-Channel Network，MCN）诞生于美国，为内容生产者和 Youtube 之间的中介机构，协助对接、聚合优质内容并进行持续变现。国内早期 MCN 多称内容聚合平台，以微博、微信、图文短视频内容运营为核心，后续随着各类短视频平台、淘宝直播的崛起，基于新平台的 MCN 机构不断涌现。

MCN 在确定品牌商需求后，对已有资源进行分配，并将任务发放至签约网红，之后再通过自身流量渠道分发作品，并从与网红、平台的合作分成，广告主提供的广告费，以及粉丝的相关消费中获得收入。MCN 在产业链中，对各方具有重要意义和价值。对平台方而言，从直接聚合单个内容生产者，转变为聚合 MCN 机构，是高效获取优质内容的最佳途径。平台是 MCN 生存的基础，为 MCN 提供扶持政策，通过 MCN 构建内容生态。不同平台对 MCN 机构具有不同的扶持机制，通过运营指导、数据支持、资源推广和流量扶持等多种模式，协助 MCN 变现，增强平台内容的核心竞争力。对 KOL 而言，MCN 协助进行内容持续输出和变现。MCN机构以工业化的生产方式组织视频生产，在选题策划、脚本创作、拍摄剪辑等各阶段，实施专业化分工、标准化制作和流程化管理，帮助签约达人进行内容开发、技术支持、持续创意、用户管理等，最终实现大规模、专业化的内容供给，并进行资源对接、活动运营，实现商业化变现。对品牌商而言，多平台分发带来全网的影响力和曝光量。头部MCN机构拥有自己的固定广告主，可根据客户需要匹配达人广告投放。内容方价值与流量密切相关，全网分发能增强优质内容的曝光量，更能保证未来发展的稳定性和成长空间。

MCN机构主要包括电商型、泛内容型和营销型。电商型MCN机构以电商为主要变现渠道，其业务不仅涵盖红人孵化、内容生产运营，更为核心的是商品供应链的管理。泛内容型与营销型MCN则有更加多元的变现渠道，主要包括广告营销、IP产业链变现与知识付费等。目前MCN机构最主要的变现方式为广告营销，平台补贴和内容电商次之。头部MCN机构多为混合型，在生产运营内容的同时，进一步拓宽电商变现渠道；中小型MCN机构偏好深耕垂直领域内容变现，开展IP授权服务，谋求差异化发展。MCN机构数量逐年增长，市场规模达百亿级别。MCN机构自2016年起发展迅猛，截至2019年机构数量累计已超过6500家，变现渠道也从以广告营销为主转为多元化的变现方式。2020年中国MCN市场规模将达到115.7亿元。预计在未来，内容电商的发展，将助力MCN市场规模的提升和商业模式的优化，并成为MCN的主要收入来源。

供应链管理

供应链管理，即对直播过程中使用或涉及的各种道具、品牌、货源、服务等进行全程把关控制。直播机构的本质就是培育主播，帮助商家卖货，而培育初期的主播货源，只能依托商家寄样，直播机构在孵化新主播的这一过程中慢慢地发现，直播间货品的需求，仅仅依靠招商来解决，已经无法满足。以女装的主播为例，单个主播每天至少要更新40个款式，如果该机构有5个主播，则每天要200个款式，一个星期下来则要1400个款式。既要满足产品的风格的统一性，又要满足产品价格的一致性，直播机构显然吃不消。于是从事潮搭的主播，便走出了三条路：一是依托强大的招商能力，继续线上招商，解决商品款式的更新问题；二是依托现有的电商运营团队，自己开店解决货品问题；三是走到线下，与批发市场合作。

早期的流量红利阶段，随着主播的成长越来越快，部分给主播供货的供应链尝到了甜头，于是越来越多的人加入。同时，成长起来的主播，对货品的要求也越来越高，平台官方有意在推动这个业务的进程，于是便有了品牌直播基地、线下市场直播供应链、设计师供应链等。直播中供应链管理主要模式有五种。一是品牌集合模式。供应链利用自身优势资源，通过和线下专柜品牌合作，建立自己的直播基地，对外邀请主播来卖货，一般以上一年老款为主，折扣相对较低，也有新款，但折扣颇高，目前的品牌直播基地基本上是这种模式，对应的直播大型活动有超级内购会。这种类型的供应链优点在于，所有库存均由品牌方承担，供应链实际上就是赚取差价的中间商，并没有太大的库存风险。挂牌的供应链基地，还可以承办超级内购会活动，获取官方资源位，召唤主播，每月一场超级内购会，经营得好，收益也是很不错的。缺点是纯依靠外部主播来消化，自己本身不生产货，不做电商运营，也没有孵化主播，完全是靠天吃饭，营收很难稳定，也没有自己的核心竞争力，再加上是帮供应链清理库存，性价比不是很高，经常会遭遇渠道竞价者。二是品牌渠道模式。品牌方具备一定的线下门店基础，依托原有的资源，创建供应链，定期开发并邀约外部主播或者寄样合作，还可以绑定几个比较合适的主播做联名款，直播只是品牌方增加的另一个销售渠道，头部主播播完之后，也可以安排腰部主播来轮番扫货。此类型的供应链优点是款式新颖，和主播风格匹配得上，转化率相对较高，利润由品牌方控制，自由空间大，一般达到50%以上，而且库存可以放到线下门店出售，解决库存问题，风险大大降低。缺点是由于品牌方开发周期长，款式更新频次低，再加上没有专业的电商运营团队，档期原因导致的邀约主播难度大，所以这类型的供应链，开播率不高，很难做到高产。三是批发档口模式。供应链主要存在于批发市场，第一个途径是单个档口与线下市场走场主播合作；第二个途径是将批发市场商户整合为供应链，邀约主播进行直播；第三个途径是第三方或者物业牵头组织档口加入其中，一起做成供应链。批发档口的优势在于，款式更新比较快、种类多、性价比高，很受走场主播的欢迎，价格相对比较适中，对于主播成长有益，能够促进粉丝数量和成交数量的增长，是目前主播们比较喜欢的一种模式。缺点是档口数量较多，管理难度较大，目前还没有形成特色的、专业的直播供应链，另一点是批发档口更新比较快，档口一般不会承担退货，对于服装这种高退货率的直播类目无法接受，所以许多档口不愿意参与。

四是尾货组货模式。供应链前身就是尾货商，手上掌握着大量的尾货资源，通过建立直播团队服务于主播，或与直播机构合作，建立起新的销售渠道。此类型的供应链优点是有大量尾货，品质不低，性价比极高，毛利率也很高，款式较多，库存也不少，提供主播低价秒杀，涨粉很快，深受主播的青睐。缺点是货品较为陈旧，库存量比较大，单个SKU数量不多，卖完就没有了。而且大量收购尾货对资金要求比较高，很多供应链因此破产。

五是代运营模式。这种模式主要是有电商基础，又具备一定直播资源的机构在做，一边帮助商家解决电商环节的问题，一边邀约主播过来进行直播，然后帮助商家把售后这些问题一并解决，只拿提成或者服务费。此类型的供应链优点是不用场地、货品，直接帮商家操盘，赚取商家的返点或者中间差价，不需要承担库存风险，毛利固定，只需要有一个懂直播的团队即可，没有其他任何约束。缺点是没有固定的合作商家，当大量的退货来临，大量的利润被分走，商家很快就会反应过来，不再和这种团队合作，这种模式只适合短期赚快钱，长期发展还要另辟蹊径。

数据分析服务平台

不管做什么类型的直播平台,数据分析都是非常重要的工作。一个好的直播视频,有前期的拍摄技术,当然也少不了后期的数据分析服务平台。首先,数据分析服务平台可以检测出账号所存在的问题,并加以调整。其次,数据分析服务平台还可以指导我们的运营策略,比如分析受众的活跃时间点、竞争对手的活跃时间点,得到精准的用户画像、用户喜欢的内容等,后续帮助做内容的优化。正所谓"知己知彼,百战不殆",通过专业的数据分析服务平台,不仅能了解到行业的最新玩法,还能学习到同行的热门"套路",事半功倍。接下来简单介绍几种数据分析服务平台:

1.卡思数据。卡思数据是视频全网大数据开放平台,监测的平台包括"抖音""快手""bilibili""美拍""秒拍""西瓜视频""火山小视频"。主要功能包括:

MCN管理:MCN管理是卡思数据为MCN机构提供的红人管理工具,支持认领各大短视频平台红人及新浪微博红人,认领后即可随时查看红人的各项运营数据,如粉丝趋势、视频的数据趋势等,方便及时发现旗下红人的潜力与不足,从而及时调整运营重心,实现科学化、智慧化管理。

热门视频:支持各大短视频平台热门视频查询,方便内容创作者进行参考和借鉴。

抖音BGM:通过"总榜、周榜和日榜",来反映不同周期内的最热BGM,方便内容创作者结合热门BGM进行内容制作。

抖音话题：抖音话题分为"抖音挑战赛"和"普通话题"，支持用户按照"话题类型、所属行业、发起者、时间范围、播放量、参与人数、话题热度"，进行筛选或直接搜索。对于内容创作者来说，可针对热点进行内容创作；对于品牌主来说，可查看本品牌或竞品品牌的挑战赛投放效果。

平台热点：通过对近7天各大平台的视频发文关键词和用户评论关键词进行词云分析，得出各平台的热点词云图，点击"热词"可筛选出与热词相关的视频、相关的BGM、相关的话题，进一步加强内容创作者对平台热点的洞察能力。

智能筛选：基于红人的内容分类、粉丝质量、视频数据表现、商业属性、粉丝画像（年龄、性别、地域）以及营销预算，来帮助广告主、广告公司筛选所需KOL红人资源，快速制定精准、有效的自媒体组合投放策略。

粉丝解析：从粉丝质量（粉丝贡献、互动参与、优质粉丝）、粉丝画像、粉丝兴趣等维度，全面解析红人粉丝，以此更全面解读红人的商业价值，以及粉丝兴趣偏好，帮助广告主找到最具性价比、效果最优的KOL红人。另外还有红人对比、粉丝重合分析、分钟级监测、平台红人分布、品牌追踪、榜单相关等功能。

2. 抖大大数据工作台。打开官网链接，微信扫码登录之后，即可进入抖大大数据工作台。抖大大数据工作台分为左侧导航条、顶部导航栏和中间的日常信息展示区三个部分。左侧和顶部的导航栏，是整个抖大大网站的指南针，是创作者们访问更加详细数据页面的快速通道。中间部分则直接展示每天必看的几项重要数据：

运营账号监测：创作者可以将运营的账号放到这里，方便了解多个账号的点赞与粉丝变化。

监测数据大盘：竞品的数据都会在这块区域显示，可对任意一个视频进行数据监控。

服务支持与资讯：产品的使用帮助文档，行业最新资讯以及抖大产品升级通告都会在这块区域显示。

热点内容汇总：为了方便创作者更加快速地掌握平台的内容情况，直接将当日涨粉最多的账号、近一天最火的视频和近一周最火的音乐进行展示。

代播服务商

代播服务商，即由指定的第三方机构或聘请直播运营团队提供直播运营服务。术业有专攻，代播服务商拥有专业上无与伦比的优势。目前代播服务商机构主要提供的服务包括五个方面。一是直播内容策划：提供包括但不限于直播的排期、脚本、玩法、规则等策划。二是主播人员：提供接受过专业培训、管理的主播等。三是直播运营：提供商品上架、粉丝回复、粉丝抽奖等后台操作。四是直播客服：负责联系中奖粉丝，发放奖品等事宜。五是直播间：根据需要调整直播间氛围以及场景布置等。相较于商家自建的直播团队，代播服务商主要有以下几个方面的优势：

一是专业的直播间场地、设备及人力。以人力资源为例，一场好的直播至少需要"主播+助理+直播策划+脚本编辑"四个角色，而专业内容直播的要求会更高。除了人力，一场直播，还需要考虑直播内容策划的创意性、直播设备画质的清晰度、直播场地搭建调整等。因此对于商家来说，自己组建团队难度极大。一个专业的代播机构，能够提供大量接受过专业及心理素质、仪表形态、表达能力、直播技巧等方面训练的主播，有着几十甚至上百个直播基地，还有各种灯光、背景墙等专业设备……对于商家自播来说，在人员、场地、设备等方面，需要做的投入是极大的，相比而言，找代播机构则会更专业、更高效。

二是立稳品牌设定。当然也有人会对选择代播机构存在一些顾虑，例如：兼职主播稳定性不高，且输出的是个人人设而非品牌，主播离开会导致粉丝也离开。我们要知道，首先，代播机构的主播不能称作红人，他们没有自己的直播账号，粉丝不会沉淀到其个人账号上。店铺直播的流量，大部分来源于店铺自留的老粉，即大多是通过店铺进入直播间的。因此，事实上，这部分消费者进入直播间，比起主播，其实对商品更感兴趣。所以在此基础上，通过主播对商品清晰的、强有力的表达加持，就可以引导粉丝加购下单。其次，选择代播，可以对主播人设和品牌定位的关系进行约束。前期可以通过从颜值、气质、风格、穿搭喜好等维度，对主播进行多轮面试筛选，后期则可根据品牌风格和消费者人群画像，对主播人设从着装形态、表达方式、动作习惯等方面，进行专门的包装和定位。最后，主播的个人魅力（包括人设和表达行为），对于新进入直播间，对品牌和店铺完全不了解的新粉来说，具有很强的吸引力和引导性。

三是内容丰富性、灵活性。直播的本质是内容，内容的核心在于创意。直播间的玩法，必须经常变化，否则粉丝就会习惯、变疲劳，停留时长就会缩短。拿抽奖来说，现在每个直播间都能抽奖，无论是借助后台工具，还是截屏、拍屏抽奖都能够实现，属于直播间的"基础设施"。可长久以来，这种内容形式带给消费者的刺激正在弱化。所以代播机构，需要不断拿出更新奇、有创意的玩法，刺激消费者活跃度高位运行。此外，代播机构的优势，还在于其敏锐性和灵活度。例如，当出现直播间气氛冷清、主播尬聊、消费者没有嗨点等情况时，需要由专业的场控应对。在直播期间，直播运营需要全程跟播，如果发现直播间内的用户不愿意参与福利活动，或者活动效果不好，那就说明福利门槛过高或者粉丝黏性不高，无法支撑这样的活动福利，这时就要实时拿出调整方案，而不是等下一次直播。此外，代播机构的敏锐，还体现在对于官方规则的变化上。比如"6·18"做T台活动、"双十一"做PGC活动时，代播机构都能够迅速反应，帮助商家跟上平台节奏。

而且，从目前普遍情况来看，代播机构直播所收取的佣金，要比达人的佣金低得多。店铺代播，是一个可长期持续发展的模式，店铺越做越好，代播机构拿的佣金也就会越多，双方互利共赢。因此代播机构，愿意收取较低的佣金，以求与商家达成长期共赢的合作模式。

直播带货,到底"拼"的是什么?

当你看到李佳琦和薇娅的信息被铺得全网都是的时候,你要知道他们背后都是有预算的;当你看到李佳琦和薇娅的奋斗史被定义成励志人设的时候,你要知道这是靠钱砸出来的;当你看到李佳琦和薇娅每次卖了多少货的时候,你要知道这背后有多么强大的选品跟供应链团队在支持。

外行看热闹，内行看门道。你以为直播带货是靠主播在那边声嘶力竭，实际上整个环节中，主播未必是最重要的，甚至是不重要的。直播带货流程需要一套完整的产品线，直播本身只是其中一部分。这条链路包括招商宣传、选品、产品议价、流量定档、直播、退货、价格结算、售后，以及战报和 PR 宣传。直播带货，真正比拼的还是产品和价格，是团队配合、供应链管理，还有资本。

流量"收割"

人群聚集的地方才有流量，就像逛商场一样，你走进商场想买东西，如果只是想买东西，那么你会买了就走，你的驻足时间会很短暂。但如果商场里经常有活动，不管是演出还是抽奖，有很多人会因为活动内容而驻足，这个商场就会有人流量，甚至会爆满。对于直播带货来说，平台就是网上商城，看了就买的地方留不住人，也没有流量。有内容让人逛，逛的人多了，有了聚集效应，流量才会就此产生。

顶级流量=强大的号召力和影响力

顶级流量，是 2017 年出现的网络热词，大体说的是，名气高的明星就好像是行走的微博热搜，他们的话题性非常高，连吃饭自拍都可以引起大众的广泛关注，由他们出演的电影、电视剧、广告等，将带来非常稳定和庞大的收益。

2016 年 11 月，李子柒发布《兰州牛肉面》视频，和其他美食博主不同的是她会从"食材从哪来、底料怎么做"拍起。截至 2021 年 1 月 7 日，李子柒新浪微博有粉丝 2719 万、抖音有粉丝 4249.4 万、B 站有粉丝 734.4 万。早在 2019 年李子柒在 YouTube 上的全球粉丝量就几乎逼平全球影响力最大媒体之一的 CNN。此时，李子柒只发了 104 个视频，而 CNN 却发了 14 万条视频。李子柒几乎每一个视频，播放量都在 500 万以上。其他诸如 BBC News、FOX News、NBC News 等官方媒体、大号粉丝数远不及她。因此，说李子柒是 YouTube 顶级流量一点也不为过。2019 年 12 月 10 日，央视新闻发表评论文章《我也蛮自豪，因为我就是李子柒作品背景里的一个点》，称李子柒的视频"没有一个字夸中国好，但她讲好了中国文化，讲好了中国故事"。这也说明了顶级流量的影响力和号召力。

粉丝经济：爱的魔力转圈圈

为何直播带货能力炸裂？首先，直播电商与此前的网红电商、粉丝经济类似，都是以个人 KOL 为核心的流量逻辑。主播的人设、策划控场能力、感染力等，都决定了其影响力和带货量级。比如，李佳琦凭借他烈焰红唇的形象、极其夸张的表现力和超犀利的人设，被众多粉丝捧为"口红一哥"。李佳琦在推荐他认可的口红时，有全套充满感染力的表达："Oh My God！""接吻到流血的感觉""涂上它你就是贵妇""买它买它买它"，让众多粉丝瞬间下单。面对试色效果不好的口红，他也会表示"不是我喜欢的颜色""真的失望大过期望"，犀利的表达，让粉丝十分认可其客观立场。李佳琦的粉丝，用实际行动表达了对他带货的认可：据搜狐、网易等报道，李佳琪曾5分钟卖出15000支口红、单场销售破2000万元。粉丝经济，在直播电商业态中，得到了充分体现。

其次，展示方式是所见即所得，万物皆可播。直播电商业态出现之前，KOL们通过图文形式带货，撰写和制作时间较长，产品的展示也不够直观。直播使货品的展示更加直观，真正做到了所见即所得。某些品类原本不适合线上销售。譬如，昂贵的珠宝翡翠和娇气的园艺鲜花，若在线上购买，难以看出其品相。然而，直播的出现，让商家可以现场讲解翡翠的成色、光泽、种水等，很大程度上消解了信息不对称。鲜花园艺店铺"花陌派"，一年通过淘宝直播产生的销售额可达1800万元，占其店铺总成交额的一半。珠宝产业，更是纷纷加入直播行列，目前淘宝直播已经挂牌成立了16个珠宝直播基地，珠宝也成为淘宝直播最重要的品类之一。此外，房车和芯片也能直播卖。来自石家庄花乡二手车市场的"杨哥"在2017年接触了快手之后，发现房车圈不少人在快手,于是开始了直播卖车的经历。根据快手官方报道,现在的"杨哥说房车"每个月都能售出一两部价值几十万的房车。如果说房车还是卖给 C 端消费者的话,快手上现在更有直接做 B 端生意的主播。每周四,芯片行业小有名气的"芯网红——高妹"都会进行芯片生意的直播。"芯网红——高妹"背后的公司"芯片超人",做的是芯片呆料的分销生意,由于直播拆解硬件的方式,比图文要直观方便,于是尝试用直播形式卖芯片。

最后,折扣优惠"全网最低价",规模效应的正反馈。不少主播,由于带货量可观,都能从品牌方得到一些折扣优惠。主播为粉丝争取到价格优惠,更多的粉丝带来的购买量,又进一步强化主播在品牌方的议价能力,这就形成了一个正反馈。显然,价格上的优惠,对消费者来说是很强的购买动力。而对于头部主播而言,价格的优惠,更像是主播议价力的体现,甚至是头部主播尊严的象征。

让"流量"变"销量"

从 2019 年开始走进普通大众的视野,到 2020 年在抗击新冠肺炎疫情过程中大放异彩,直播带货一跃成为各个商家挽回损失和向线上转移阵地的利器。一些行业因为疫情"被迫"将销售阵地向线上转移,一下子就给了直播在各行各业渗透的机会。2019 年是电商直播爆发的一年,除淘宝外,还有多家平台也纷纷上线了直播模式,越来越多的明星名人都来直播试水,这在一定程度上说明直播的红利已经开始。目前而言，直播带货主要分为两大类，分别是商家自建直播间和找网红达人带货。分析其效果，商家自建直播间受困于流量少，粉丝人数限制，推广效果不佳；而网红达人因具有一定粉丝基础和号召力，通常来说，推广效果显著，销量可观，这也让不少商家瞄准了网红的带货能力与其合作。但是在这个过程中，各种弊端和不足也显现出来，关于网红的能力、个人影响力、与品牌的合作关系、粉丝的信任度的矛盾成为不少人热议的话题。

直播火了，主播红了。人气节节攀升的同时，人们也看到，在一些直播中，本该洋溢正能量的画面，时不时出现一些惊悚恶趣味；本应传播真善美的镜头，却频频上演打擦边球、超出底线的恶俗炒作；本应讲文明风尚的网络空间，却成了传播虚假信息的温床、吞吐污言秽语的"垃圾桶"。从格调品位不高的直播内容，到职业素养堪忧的网络主播，不仅成为影响直播经济更上一层楼的隐患，也冲击了公序良俗的底线，给网友尤其是青少年网民带来不良的影响。

从本质上来说，直播经济的基础是"流量红利"。 对网络主播而言，一部手机可以轻松打开直播入口，但要在这条路上行稳致远并不容易。面对镜头侃侃而谈或许不难，但要聊得既有意思又有意义也并不简单。在能力素质上，主播需要持续投入、时间积累和经验沉淀；在道德品行上，更要经得起诱惑、守得住底线。毕竟，直播经济不是"一下子、一锤子、一阵子"。在赢得第一波关注之后，谁能全神贯注、精益求精，谁在博取眼球、炒作跟风，直播间的观众看得分明。

流量很重要，但厘清直播经济的"流量逻辑"更为关键。纵观那些高质量直播，它们的特色不仅在于追求传统的传播量、曝光量，还在于信息的承载量、价值的含金量。在主播的一言一行中，了解他们的人生观、世界观、价值观；在直播的每一帧镜头里，发现生活无处不在的惊喜、人人都能创造的精彩。在诠释自己的过程中影响别人、启发别人，这是网络主播这个职业最重要的意义所在。只有正气不衰、才气不凡，才能人气不减、名气不坠。

"流量"变"销量"，应把握"质量"，这里的"质量"不仅指带货的产品"质量"，也指平台、商家和主播"质量"。直播带货，借助的形式是直播，但最终交易的仍然是产品。产品质量过不过关、服务有没有保障，才是决定"销量"的关键。从这个角度来说，直播带货，也是"口碑经济""信任经济"，从业者的守法、诚信才是其发展壮大的基石，如果抱着做一锤子买卖的想法，必然无法行得久远。从主播、商家筑牢诚信基石，在产品质量、服务上严格把关，杜绝问题商品进入直播清单，到平台加强对经营者及主播的规范引导，完善消费者投诉举报渠道，再到相关部门加强对直播带货行为的监管，只有各方协同发力，才能让直播带货在"阳光大道"上越走越远，让消费者在安全放心的环境中提升消费体验。只有产品质量经得起市场检验，才会有好口碑，引来更多"回头客"，产品品牌影响力才会得以增强，才更具有生命力，才能通过"流量"变现，带来"销量"大增，才能更好推动直播带货实现可持续、常态化、高质量发展。

"超级 IP"

在过去，IP 往往代表一家企业、一个产品的品牌。在今天，人人都在刷存在感，人人都想获取粉丝流量，当你具备一定号召力和影响力，你就是一个 IP。IP 具有海量粉丝、故事、情感、内容输出、价值体现、传播渠道等综合元素，在某一领域或某一群体能产生巨大的影响力和号召力。比如一个主播，在某个直播平台是拥有 10 万粉丝的唱歌主播，那么，这个主播就有了"音乐 IP"的初级模型。在此基础上进一步融入各种元素，并跟其他主播的特点区分开来，通过专业的打造，其就会逐步成长为真正的"超级 IP"。

没有带不动的货，只有带不动货的主播

今天，几乎所有直播平台都在一步一步把主播进行垂类细分，越分越细，目的也是打造有独特个性的 IP。所以，主播就要顺势而为，不要沉浸在过往的传统直播模式中，对行业的发展不闻不问，这样迟早会没落，甚至被行业淘汰。因此，有人戏称，"没有带不动的货，只有带不动货的主播"。尤其是新人主播和腰部主播，在踏入直播这个行业的开始，就要有"个人 IP"的思维，越早越好。早期各大平台的头部主播已经占尽资源，后面更庞大的包括企业级的商业化主播跟进，已经处于"前有

敌人，后有追兵"的境地。这也是现在很多新人，入行做主播浅尝辄止、轻易就放弃的原因，老思维老模式，没有办法跟别人竞争，粉丝吸不到，刷量上不来，只能把原因归结为自己不适合或者平台不行。其实，不是行业越来越难做了，而是做的人思维僵化，看不透行业发展的趋势，缺乏竞争力。那么，到底如何打造一个"超级IP"呢？

首先，主播需要塑造自己的"超级IP"思维。没有这样的思维，无法产生更大的商业附加价值，也就不可能让粉丝和影响力呈几何倍数增长。其次，提炼自己的特点优势。不要说自己没有任何特长才艺。你的外貌、爱好、专长，对服饰、美食、宠物、情感、交友、游戏、影视的研究和心得，甚至你爱逛街、旅游都可以作为你个人IP的特色，其他的音乐、舞蹈、手艺融入故事和情感，更可以让你成为一个独特的IP。自己要思考"我都会什么""我缺少什么""我需要补充什么""我要输出什么"。个人品牌初期建设要靠"内容的输出"，而"内容"是最重要的部分，同时一定要聚焦，形成自己清晰的定位。在直播过程中去加强和放大，去建立一个识别度很高的直播风格。这样无论你卖什么样的产品，总会有一批喜欢你风格的粉丝，愿意进入你的直播间听你说话，和你互动。再次，进行自我包装。不断丰富其中的内容，整合尽可能多的不同形式的传播渠道进行多重曝光，根据粉丝的反馈，不断打磨爆点内容。打造IP的平台和渠道有很多，目前，抖音、快手、短视频，是最快的IP塑造平台。很多各具特色的IP形象，往往两三个月，就能积累几十万、几百万甚至上千万粉丝。比如"双十一"期间和雷佳音直播卖车的快手老铁"手工耿"，2017年年初还在北京和河北之间奔波，做管道工。凭着对手工的热爱，一个人在农家小院里将做手工的视频上传至网络，"手工耿"凭借硬核手工作者的内容人设，很快成为在快手收割369.7万粉丝、抖音收割247.5万粉丝、B站收割249.7万粉丝的大佬。对一个品牌来说，第一印象很重要。而对于主播个人，可以有自己一句标志性的话，类似于冯巩的"我想死你们了"，"papi酱"的"一个集美貌与才华于一身的女子"，打造自己的识别度，也可以用些标志性的配件，如时尚杂志的主编晓雪，她曾在书中介绍了用丝巾打造别人对她优雅的认知，前国际米兰主教练曼奇尼，一直戴一条天蓝白条围巾等。只有这样，才能被粉丝牢记，形成自己形象鲜明的个人IP。

强大的圈粉能力

圈粉是一个网络流行语，指通过各种方式，扩大自己在社交网络上的粉丝群。不管是微博营销，还是打造自媒体，都要建立在拥有大量粉丝的基础上。粉丝，是衡量一个公众账号价值的基础筹码。对于一个主播来说，强大的圈粉能力是必备技能，那么如何增加圈粉能力呢？

小视频。小视频相对直播来讲，具有传播快、留存久、易收藏、多渠道扩散等优点。然而大多数主播没有重视起来，要么是为了完成考核任务，凑数量发布一些没有营养的内容，要么就是清一色的美颜自拍卖萌。这样的内容都不会得到有效传播。短视频注重内容的质量，内容质量越高，传播范围越广。所谓质量，并不是一定要求制作水平要多好，主要是指内容的可读性、可传播性。比如：将搞笑的段子进行整理编剧，拍成小视频；将自己的才艺，制作成小视频；将时下热点娱乐事件，通过自己的风格，解说制作成小视频；等等。小视频原创度越高、扩散的速度就越快。小视频准备好之后，就可以上传。需要注意的是，上传仅仅是开始。首先，一定要上传到自己的直播APP里。主播自己一定要积极分享，分享到粉丝群以及微信朋友圈、微博、微信群或QQ群里，让粉丝点赞、留言、转发。另外，质量高的视频可以设置有奖分享。比如微信朋友圈点赞、微博点赞以及视频内容问题有奖调查等。其次，一定要上传到其他具有短视频功能的社交APP里或者网站上。如果是签约主播，在发布到其他同类软件之前，最好先书面征求一下相关机构的意见，如果得到书面允许，方可在其他平台发布。但有一点，签约主播无论何时都不可以在未经上级允许的第三方平台进行直播。如果是个人，或经过允许的签约主播，发布视频的时候需要注意，不要有过分的硬广植入，比如宣传自己别的平台的直播ID等。

　　动态。是指除了短视频之外的图片动态或者文字动态。首先是为了刷存在感，让更多的人认识你。有些主播认为只有直播期间才会产生关注行为，因而忽视了其他方面，比如上面提到的短视频传播以及发布动态。动态发布后一定要分享，分享给自己的粉丝，分享到主题板块去，分享到APP内的聊天群里。当有人点赞或留言后，一定要积极地互动。另外，除了自己发布动态，还可以利用一点时间去刷别人的动态，积极地在别人动态下点赞留言，增加曝光率。通常人都有好奇心，当有人给你留言时，都会看下这人是谁。所以，如果你个人主页下的内容丰富的话，那别人关注你的概率就会增加很多。

聊天群。很多主播都有建群，但很多主播只是建了一个死群，不会管理和维护群。他们指望别人发言后自己冒泡，却忘了自己是主角身份。有些主播甚至当粉丝艾特他们时都不理睬。正确的做法是，要善于经营自己的粉丝聊天群，如每次开播前发布通知，在群里经常互动，与粉丝交心。其实很多粉丝刷礼物给主播，是因为他们之间线下关系已经维护得很好。大多数人都不会把钱送给陌生人，都是在有一定的情感基础后，才愿意把钱花给喜欢的人。主播要在每次开播之前告诉一下自己的粉丝，没事也要进粉丝群和大家互动，真正做到与粉丝交朋友。

独一无二的个人魅力

有魅力的人，如诗如画。一个人的魅力，主要在于个人的学识以及内心的修养，无论何时，一定不要放弃学习，专研知识的同时，也要培养自己的兴趣爱好，做到内外兼修。丰富的内涵才是追求的目标，这才是人格魅力的精华所在。那么作为主播，我们应当从哪些方面下手，培养独一无二的个人魅力呢？

丰富的学识。很多主播在刚出道的时候，并不怎么起眼，但是后来越来越出色，像宝石一样散发出光芒。这是因为他们具有学习精神，不断地打磨自己，永远追求更好。主播不仅仅是一份光鲜亮丽的职业，更需要保持一种不断汲取各种信息的状态。闲暇时间，自觉充电，学历史、学哲学，增加文化修养；学营销、学经济，丰富知识积累；学新闻、学广告，做好信息储备；学化妆、学穿搭，扮靓外在形象；学段子、学笑话，活跃直播气氛。通过大量的阅读，来弥补自己学识和经验的不足，通过汲取前人思想精华获得间接经验，增强驾驭复杂直播局面的能力和解答粉丝提问随机应变的能力。

美好的形象。妆容以自然清新为主，可以用灯光辅助。要慢慢地摸索出最适合自己的风格。同时要注重优雅的姿势和举止，原则上主播要闭不要分，比如坐时双腿不能分，双肘也要尽量下垂不要敞开，双肩自然下沉，下颌微收。这样不但看起来姿态更优美，也有收紧肌肉的效果。对于举止优雅的主播，粉丝格外有好印象。

迷人的谈吐。主播跟网友聊天过程中，话语不在于多，而在于贴心，在于恰巧表达到心坎上，催生同情共鸣，制造和美的交际氛围。一位优秀的主播，即使怀揣负面信息，他也能够通过积极的话语，表达出贴心共情的内容。主播的微笑，是一张有情无言的名片，是无须任何成本的感情投资，是施展亲和力的"开场白"，是开启成功交流的金钥匙。微笑会相互传染，即便是你碰上了冷漠的观众，或者是心情不愉快的粉丝，在你亲切微笑的感染下，他的坏心情也会逐渐好起来。

谦和的姿态。直播过程中，主播谦和姿态的背后是一种境界、一种胸怀。凡是品德高尚、境界高远、胸怀博大的人，都会谦恭对待粉丝和观众。谦和的姿态，表达的是尊重的信息，可以迅速拉近与陌生观众的距离，提升整个聊天过程的融洽度。无论是什么样的观众，都愿意跟谦和守礼的主播聊天，唾弃嚣张跋扈的主播。在跟观众聊天过程中，主播表现出豁达的气度，可以减少不必要的摩擦，能营造宽松的交流环境，保持跟网友的关系和谐。

让粉丝持久偏爱的能力

现在，我们处于自媒体时代，也是信息爆炸时代，微博、微信朋友圈无时无刻不在刷新，澎湃新闻、今日头条上的消息不断更迭，人们的阅读越来越碎片化，关注点也瞬息万变。对于主播来说，粉丝的持久关注度和长期黏合度，是参与直播竞争、求得生存发展的生命线。因此，主播要有让粉丝持久关注和偏爱的能力。

打造独特风格。做一个主播要有自己独特的风格，不管歌声、聊天方式还是穿衣打扮，找到适合自己、与众不同的专属风格。如果你的形象足够惊艳，可以做颜值型主播，那就要一直保持美丽！如果认为自己最大的优势是唱歌，那么就发挥你的特长，做歌手型主播，用歌声去感染观众、聚集粉丝。舞蹈型的主播，舞蹈类型要丰富，民族、热舞等都要能驾驭，注意不能过于暴露。聊天型的主播，要主动引导话题，增加话题的趣味性，丰富直播内容。主播可以选择多种风格，但要以一种为主，切忌变来变去、飘忽不定。

善于聊天沟通。使自己变成话痨，也好过木头人，要引起粉丝关注，要提前热身，储备干货。与粉丝互动并没有想象中那么难，粉丝来直播间玩，就说明愿意认识主播，想和主播交流，所以不要怕这怕那，要勇敢地迈出第一步。而做好内容储备，平时就要关注热搜榜，留意时事热点和重大事件等。有意思的段子随时收纳在心，也要准备好几个生活化的简单话题以备不时之需，不打无准备之仗。主动出击，展现自己。要自己组织内容，主导你的直播，在刚开播的一段时间中，多向观众介绍自己，加深观众的印象，加上必不可少的背景音乐，让气氛活跃起来，这样粉丝就不会沉默。要主动发起谈话，了解粉丝的需求，寻找共同话题。如果粉丝希望聊天，那么他一定是想要表达一些东西，主播既要做一个合格的倾听者，也要发表自己的见解，譬如谈谈自己的经历，根据对方的话题引导粉丝，让他们感受到你的重视，这也是一种交流。

动作神情兼备。直播的时候，语气表情不要平淡，要面带微笑、神态自若、眼神明亮、声音洪亮、充满自信、语气积极，有丰富的表情和语气变化，有动人的微表情，有时还要夸大自己的表情，变身表情包。眼神交流是不可或缺的一部分，一个合格主播的眼睛是会说话的。当观众有面对面近距离沟通的感觉时，你所说的东西，会更容易进入观众的心里。生动的肢体动作也可助力主播传递信息，比如剪刀手的卖萌，手比爱心的温馨，吐舌头的调皮。直播时要情绪饱满，热情诚恳。精神饱满，直播时充满激情的主播，往往会赢得粉丝的好感。要能控制情绪，不要不分场合状况，不经过思考，就将内心并不合适的想法脱口而出。可能这时一句不经过思考的话，会让铁粉离开你。

做好线下维护。粉丝群日常要做好维护，以增加粉丝对你的好感，群里多说说话，也可以多分享自己生活中的大小事件，这样更有亲和感。要发展核心粉丝，让粉丝发展粉丝。一开始抓重点活跃粉丝，他们会自己找话题在群里聊，从而带动其他人。要推动新老粉丝的融合，有时候新粉丝觉得格格不入，一定要及时欢迎使其产生归属感，这样才能积累粉丝。要加强第三方平台运用，平时除了在家里的时间，还可以去健身、游泳、旅游、录唱片、拍微电影、微视频等，让自己更丰富才能收获更多的粉丝。

内容为"王"

直播带货的重点在货而不在人。直播带货这个模式，本质上并没有跳出营销圈 4P 的经典理论框架，所谓 4P 是指 Product、Price、Place、Promotion，即产品、价格、渠道、推广，这里面最重要的就是产品和价格，其次才是渠道和推广。营销的第一要义，一定是产品本身要过硬，然后是美丽动人的价格，在这两点成立的情况下，渠道和推广才有意义。

不仅要流量，还要质量

受疫情影响，多地产品滞销。而利用短视频平台直播形式，通过市长、县长、乡镇长以及网红达人、网络大V等直播带货，为产品销售开辟了新的渠道，展现出强大的网络消费活力和巨大的市场潜力。疫情之下，利用网络直播、短视频等形式促进产品销售，已经成为经济的新亮点，也补上了传统产品营销的一块"短板"。这对于积压产品清仓、助力产业发展都发挥了至关重要的作用。特别是各地采取直播带货的方式，基本实现了"线上引流、线下消费"，让产品的销售找到了新的出路。

在新网络经济时代，流量即为销量。只有吸引更多流量，增加品牌曝光率、产品知名度，才能把好产品卖出好价格、好销量。直播带货在新经济模式中为产品树立品牌、提高产品名气、扩大影响力，那么如何做到，不仅要流量，更要有质量有销量呢？应从以下几方面入手：

稳定产品质量输出。直播少则几万、几十万人，多则几百万、几千万人，能够瞬时带来大批量订单。借助直播，不仅要产品卖得好，解决商户的一时之困，而且，商家应该以市场化为导向，推进规模化生产，夯实产业基础，培养产业集群，大力发展订单或定制式产品，保证持续稳定供给。

提质增效不做一锤子买卖。产品能否卖上好价钱，关键取决于质量。过硬的品质来源于扎实的产业链建设，要在生产、包装、运输等环节做好品控，有一套统一的标准，不出现"买家秀"和"卖家秀"的偏差，才能赢得口碑。产品能够确保品质和安全，才会有"回头客"。

严格执行直播产品准入。通过加强日常监管、消费者投诉受理等,杜绝有安全隐患、假冒伪劣、质量不达标的商品进入直播清单,避免"线下卖不出的线上卖",维护消费者合法权益,才能让直播带货之路走得更稳、更远、更健康。

打造品牌提高产品附加值。品牌产品往往自带流量,市场竞争力强。直播能够迅速扩大产品知名度,要借助这一优势,提升品牌建设和维护意识,推动产品提质提档,促进品牌转型升级。

直播带货,不仅要直播真实的货品,也要铸造诚信品牌,让这些货不是仅仅火一时,而是能一直火下去。本身有较强品牌意识的商品,不需要靠一次直播来提升品牌,而缺乏品牌意识的商品,即便通过直播短时间内获得大量曝光,后续也不大会做提升品牌的事,没有品牌就根本谈不上品牌忠诚。如果没有过硬的产品,没有对于品牌的打造,销售就很难持续下去。无法提供源源不断的持续性流量,一次直播带货给你带来的结果,就很可能是"本以为是开始,没想到是巅峰"。直播带货,不仅重流量,更要看质量,这才是直播的常规操作!

"货真价实"——严把质量关

"直播中的货和我收到的货,就是卖家秀和买家秀的差别。"市民李先生曾购买了一款带货直播的农产品,直播间里鲜亮、个大的水果,经过多天到他手中时,新鲜度、个头都大大缩水。但此时,他才发现"想找售后维权,也无从找起"。

中国消费者协会基于来自12个直播电商平台的5333份消

费者样本，发布《直播电商购物消费者满意度在线调查报告》。调查报告显示，受访消费者对于主播是否就是经营者的问题认知较为模糊，对主播夸大和虚假宣传、不能说明商品特性的链接在直播间售卖等问题反馈较多。调查还发现，在直播电商消费中，消费者冲动消费较严重，风险意识相对薄弱。在快速发展的同时，直播带货暴露出的诸多问题，对现有的法律制度、市场监管模式都提出了新挑战。在目前的一些直播电商经营中，由于直播平台监督不到位，主播等法律意识不强，因而出现虚假宣传、评论造假、极限用词、诱导交易、虚假交易等行为，误导、诱使消费者交易，不但侵害消费者的知情权、公平交易权等权利，还损害了直播电商行业的健康经营秩序。

直播带货归根到底，还是靠货真价实、质量取胜。直播带货，勾起消费者踊跃下单的冲动，不只是主播卖力推介，关键还是在于其产品本身的优质。直播只是形式，核心影响因素依然是产品质量。因此，直播带货，我们不能靠刷流量，不能一味追求经济效益、追求流量，更不能违规夸大宣传效果。只有加强直播带货监管，在产品质量和口碑上下足功夫，严格把关保证产品的质量，规模化生产保证稳定供给，才能在当前网红经济火热的大背景下，及时解决消费者维权问题，从而保证消费者权益，同时也保护新型消费。

健全电商直播有关法律法规。现行相关法律法规，多是针对基于公域流量的传统模式做出的规定，在对基于私域流量的电商直播进行监管时就存在适用性问题。因此，立法机关应对法律适用问题，尽快做出解释或修订相关法律法规。同时，对带货主播的角色定性，应有更加明确的规定，从而确定带货主播在广告代言人、导购或表演者这三种不同角色下，所应承担的不同法律责任。

建立直播带货监管机制。一方面，要建立针对直播平台的网上巡查机制，市场监管、综合执法等政府部门，应在全网开展数据打假行动，对"网红"带货产品"验明正身"，防范欺诈行为。另一方面，应建立健全协同监管机制，加强监管部门协同、区域协同，加大对跨区域、跨行业网络案件查办协调力度。此外，还应积极推进"互联网+监管"，加强交易、支付、物流、出行等第三方数据分析比对，开展信息监测、在线证据保全、在线识别、源头追溯，实现以网管网、线上线下一体化监管。

提高直播平台准入标准。直播平台要进行备案及许可，对主播进行实名制认证，建立直播内容审核制度，对售假、伪造流量的带货网红主播，一律清扫出门、永不录用；触犯刑律的，还应承担相应法律责任。对直播带货产品，要建立严格准入制度，强化日常监管、跟踪检查，畅通消费者投诉机制，将质量不合格、假冒伪劣产品拒于直播清单之外。同时要规范直播带货平台责任，直播平台不能"见利忘义"，应严格审核商家资质，监管产品交易的合法性。此外，要建立电商直播平台消费者权益保护机制，督促电商直播平台建立健全消费者投诉和举报机制，依法严厉打击虚假宣传、泄露和滥用用户信息等损害消费者权益行为。

<mark>网络直播并非法律盲区，带货主播不能信马由缰，直播平台也不能无所作为。</mark>直播带货要行稳致远，不能光动嘴皮子，还要把精力放在产品质量和售后服务上。不论业态如何翻新，货真价实、诚信经营都是做买卖的生命线。只有保障带货商品货真价实，才能从根本上推动直播带货健康有序发展。

"全网最低"——极致性价比

直播带货的本质就是一种促销，通过大声吆喝、降价、买赠等方式，促进商品快速销售。当下的直播带货在形式上几乎是一样的，激情的叫卖、低折扣的促销，让消费者在短时间内下单购买。这种商业模式能够成型，最核心的因素有两个：

低单价。商品的价格不能太高，否则无法促进冲动消费。以头部主播为例，在薇娅和李佳琦直播间里，美妆和食品的占比均位列第一和第二。从食品类目价格区间分析，薇娅和李佳琦的差别并不大，100元以上的食品数量不多，0~50元的食品占比最大。他俩的直播间里，50元以下的食品，在食品类目中占比都超过60%；50~100元的食品，在食品类目中占比25%左右。从美妆类目价格区间分析，50~100元是薇娅和李佳琦的核心价格带。0~50元区间和50~100元区间的美妆产品数量，薇娅都比李佳琦多，占比分别高于李佳琦约6.5%和4%。而100~500元区间段的产品数量，则是李佳琦多。从薇娅和李佳琦在天猫"6·18"期间选品的类目和价格区间来看，核心消费人群和极致性价比，都是两位头部主播选品最看重的因素。

高折扣。商品必须有高折扣，否则消费者也没必要在直播的时候购买。比如只需要花 1860 元就能买一套总价值高达 4000 多元的护肤品，还送一大堆赠品，这样的产品非常具有杀伤力，在人们的心里，赠品往往更有吸引力，因为是免费得来的。

如果没有这两个条件，直播带货就起不了什么作用。比如某些品牌已经为广告付出了很高的成本，再打高折扣肯定就要赔本，还有单价太高的商品，像房、车等，也很难通过这种方式销售。了解特斯拉的都知道，现在特斯拉，不管是官方还是店面销售经常做直播，大年初三特斯拉就已经在线上开始了直播。但如果你以为特斯拉是为了带货，那就大错特错了。其一，特斯拉单价至少在 30 万元左右，不大可能有人看了直播就立马冲动下单；其二，特斯拉实行统一价策略，不管你在哪、什么时候买，都不会便宜一分钱，这种情况下直播怎么能带货？特斯拉直播是为了品牌推广，让那些不了解特斯拉的人，通过观看直播了解特斯拉的各种功能、黑科技等。通过长期直播，特斯拉在消费者心中埋下品牌印象，促进消费者未来的购买行为。

有数据显示，价格区间在 10~100 元之间的产品，是比较合适的，毕竟很多直播平台的带货都具备一定的娱乐性，消费者往往都是冲动性购买。一般来说，50 元以内的产品，消费者购买的决策过程是最短的；50~100 元的产品，消费者在购买的时候，就会有所顾虑，会去充分考虑购买的必要性、实用性；超过 100 元的产品，消费者就会看重质量、品牌，下单的谨慎度更高一些。所以性价比是直播平台选品的重要维度，这个无论企业商家还是网红达人，都无法避免。

"贴心定制"——搭配一条龙

2020年以来网络直播市场突飞猛进，竞争激烈。各主流直播平台，纷纷采取措施进行市场突破，直播+领域的拓展，定制化、智能化的企业直播服务，成为直播领域新的突破口。

行业垂直化。直播平台从此前的默默无闻到如今的家喻户晓，不光是直播的丰富化，行业规则也在逐渐完善。一般由于企业实力有限，过多关注反而不利于自身发展，直播平台想要脱颖而出，走向垂直化也是趋势。这就包含了各个行业都可以做直播产品，例如"直播+培训""直播+医美""直播+教育""直播+新闻"，等等。

内容多元化。娱乐直播之所以一直是直播中的主角，主要是因为网络时代的特性，年轻人喜欢娱乐化，以更加开放的心态来释放自己的内心。但直播不该只有娱乐，更应该支持多样化发展、更多元的方式，如知识类直接充实大脑，购物类直接看到产品动态，游戏类直播提高打法技术等。例如，之前以游戏为主的斗鱼，直播内容也已经涵盖了多个方面，包括"直播+公益""直播+教育""直播+医疗"等，多方向发展的直播，才能满足不同人群的需求，也让直播拥有更多可能性。

个性定制化。如今是个性化需求的时代，过去规模化和标准化的作业模式，已经不太适应时代的发展要求，未来的产业一定是个性化、定制化的，即客户需求在先，企业按客户需求下单生产。在很多商业领域,定制已经成为趋势,成为主流,成为必然。如家具可以定制,整体家居方案也可以定制,服装可以定制,个人整体形象更可以定制设计。对个人用户如此,对企业级客户而言也是一样。随着资本对直播的进一步投资,对于一些有实力的企业来说,定制个性化的专属直播,并不比利用第三方直播平台的成本高,况且直播还有管理和营销等多方位的作用,直播开发服务商可以按照企业的要求和多方面的需求,实现定制化开发,所以很多企业开始搭建专属自己的直播平台。

更加智能化。移动互联网的应用,已经深刻地改变了很多社会生活方式,但是人工智能带来的革命,可能会远远超过移动互联网。现在直播行业,已经用到了很多的人工智能技术,5G到来将进一步推动人工智能、云计算和VR技术走向成熟,一方面,AI、AR、VR等技术可以提升用户互动体验,比如智能美颜、动态表情、个性化推荐、线下电竞与线上直播结合等。另一方面,可以提高运营和变现效率,比如人机结合降低内容监管审查成本,边缘计算降低直播行业的带宽成本。所以未来,人工智能技术将继续拓展直播应用场景,推动着企业直播行业的进一步发展。

所以,当下直播领域的发展已经成为不可逆的趋势,要在未来的直播市场中占据一席之地,必须顺应时代的变化,积极搭建具有更多模式、更多特色功能的直播系统。直播带货,仅以吸引眼球为要务的直播平台将会逐渐消失,而在细分领域内,内容质量较高、符合消费者口味、个性化定制化产品将会获得长久的生命力。

供应链"稳住"

李佳琦和薇娅带货中的所谓爆款,从口红到床上用品四件套,再到柴米油盐等家庭杂物,卖出去的东西普遍单价不高且总是全网低价。所以直播带货行业,真正的门槛,不是一个网红的口吐莲花,而是背后的团队如何尽可能地从供应链上拿到又便宜又足够硬的货,这才是行业的核心竞争力。直播带货的重点是货,而货的核心竞争力,除了价格便宜,就是供应要平稳、及时、充足。

供应链是直播带货的底气

虽然直播带货往往以低价、实用为卖点,但对于所销售产品质量和服务的把控,是主播流量的重要保障。零售建立在两种能力之上——前端的引流和背后的供应链。引流与供应链相辅相成,如果没有引流的能力,便很难控制供应链。直播带货是利用自身极强的前端引擎,来控制后端供应链,要求供应链按直播间的要求走,产品、价格、交货周期、库存,都要按直播间的要求来做。所以,供应链是直播带货的底气。

供应链薄弱,企业就像建立在沙地上,利润率和现金流都会受到阻碍。网红主播能为企业带来的红利止步于流量,企业能否利用好这一波流量巨潮，才是最为关键的问题。比如，在标准化、工业化程度相对高，且更迭速度更快的服装行业，由于主播带货的衣服销量火爆，那么，处于供应链上游的工厂势必会感受到强压力。虽然网红的订单每批次要货量不大，往往低于千件，但是订单的节奏非常快、个性化需求繁杂，并且经常几天内就要求出成品。如果卖得好，还会继续返单、追加生产。订单来得快、出货急，工厂每天都会收到要货信息，如果供应链断裂，那么直播间里的流量必定就会折损。主播们虽然身带流量，能够打造品牌，却无法形成产品。他们是以巨大的流量节点支撑，通过直播的驱动，将消费者、电商平台、供应商、工厂、品牌方、机构整合到一起，形成一个庞大的供应链网络体系，互相协同，快速迭代。不论什么时候，生产企业都追求供应链稳定，并要不断随着变化而升维、优化。品牌的营销再成功，为之带货的主播再有名、再有才，消费者最终关心的还是商品质量、价格、物流速度。

工厂、企业、网红主播，一荣俱荣、一损俱损，任何环节、任何人都不能脱节，而要做共生共长的共同体。这就是直播带货下的供应链给电商带来的价值。只有不断加强供应链管理，以最低的成本、最短的时间、最快的速度、最棒的质量，满足客户需求，使供应链管理达到最优化，才能在激烈的竞争中实现变现。

库存、供货要充足

和传统的供应链模式相比，主播作为导购端，直接和产品的生产端相连,去掉了零售商这个载体。原本线下的服装批发生意,极易被这些由主播们带起来的"供应链基地"打乱节奏,比如浙江小商品和服装批发的传统集散地,传统的服装加工一直做的是供应链的深度,也就是说一个款式生产几千上万件,一个季节出几个这样的爆款就足够了。而像薇娅这样的主播,工厂一天做出3万条的牛仔裤,她们一个晚上就能卖完。消费者购物方式的改变,直接影响了供应链的响应速度、物流的出货速度、库存的消化周期,新款一个月还没有卖完,就可能已经滞销。因此网络带货,库存供货要充足。为了保证在"6·18"、"双十一"、春节黄金销售旺季的货源充足,提前做好货源储备十分重要,要考虑以下因素:

天气变化。虽然每年的节日在时间上都大致相同,但节日产品销售有可能会"靠天吃饭",天气较好的话,产品就可能"集中爆发"。遇见老天爷心情不好,下雨或者下雪的时候,就有可能让销售陷入低谷。比如,元宵节的汤圆、中秋节的月饼、端午节的粽子等,都有可能受天气影响,因此,在节前,要关注天气预告,根据天气变化合理备货,避免产品积压。

流行时尚。很多产品之所以能在节日期间销售出现突破,往往跟媒体渲染、企业终端造势给人一种"热销"的声势或者氛围有关,加上消费者大多具有从众心理,因此,就很容易让铺货率高、终端推广活跃的产品,出现集中采购的现象。比如,春晚男女嘉宾穿着的衣服,往往会成为爆款,因此关注时尚行情,把握销售高潮,做好相关爆款衣服备货,是十分重要的。

原料采购。由于原料采购都有一定的周期,加上一些节日,比如春节原材料厂家员工放假,会造成一些原材料的"假性"短缺,由此带来的连锁反应,也会造成厂家"原料缺乏性"停产或者断货。

企业产能。每个厂家的产能都是相对固定的。不可能因为节假日、量单激增而临时增加生产线。因此,在"粥"一定的条件下,假如"僧"多了,就会出现由于产能跟不上而产品短缺的情景,因此在节假日、销售旺季来临前,备货需要先发制人,先下手为强。

总之,库房备货需要结合市场实际,充分考虑外在气候、氛围环境以及生产企业内在环境等诸多因素,准确地把握、分析、判断市场需求趋势,进行科学合理备货。

物流、售后要及时

主播在进行直播的时候,在把好产品质量关的同时,做好售后维护也是十分必要的。不然产品质量出现问题、售后无法解决,容易使用户对商品和主播产生质疑。如果处理不当,会使主播失信,甚至信誉崩塌。因此,做好物流配送和售后服务显得越发重要。

直播带货,必须具备卓越的服务能力,这里的服务主要表现为以下三项:一是及时发货的能力,即及时处理订单的能力,粉丝看直播下单,很大比例归为冲动消费行为,下单后的三天内如果没有收到产品,那产生退单行为的概率就会增加。因此要做好物流配送，下单及时发货。受天气、集中时间运送以及节日车辆停运等因素影响，物流配送往往会延迟，因此，需要通过提前发货、及时沟通等形式，减少物流配送环节对产品销售的影响，以避免由于运力不足而造成的延迟收货现象，影响用户体验。二是售后服务的能力，即处理退单的能力，如果售后服务团队足够优秀并处理有效的话，可降低50%的退单率，这将是一笔巨大的产出。其他售后服务能力，例如7天无理由退换货、主动诚恳接受投诉建议等，这些行为的及时性和满意度，也直接影响粉丝的购买体验，间接影响粉丝的忠诚度。这就需要通过售后服务团队，采用延长在线时限、及时解答用户提问、耐心细致做好解释工作等多种方式，做好客户急躁情绪疏导，减少粉丝负面看法积累。通过发放折扣券、抵用券等多种方式，缓解压力、减少矛盾，增加粉丝黏性，防止客户流失。三是持续创新的能力，作为直播带货，产品火了，要持续跟进，再接再厉；如果不火，那就要认真总结，加强创新，深入调研市场，重新再来，全力打造销售火爆的产品。

我们也要注意到，当前以大数据、人工智能、区块链、5G等为代表的新技术，推动了生产力开展和生产关系重塑，新型管理技术、服务形式不断涌现，直播带货应以敞开的姿态拥抱新技术和时代变化，以更加敞开、灵敏的姿态，推动产品种类、服务效率多元化、个性化、优质化，才能立于不败之地，获得客户和粉丝的长久信赖。

时势造英雄——直播带货之"主播"

网络主播,绝对是这两年最赚钱的新兴职业之一。他们可以直播打游戏,可以唱歌讲段子,甚至可以只是卖萌扮可爱……网络时代,英雄不问出处,只要拥有才华,就可以在网络上找到属于自己的空间,收获大量忠实粉丝。炙手可热的网络主播,正以迅雷不及掩耳之势,渗透至我们生活的方方面面,为我们带来全新的社交方式与传播形式。

都说时势造英雄，带货主播，牢牢把握住互联网潮流，用一台智能手机把生活变成秀场，由草根跻身达人，带领为生活琐事烦闷的我们，从社会角色中暂时抽离出来，抛开生活的压力与烦恼，寻找到精神寄托和自由表达的新渠道。

主播的实质：关键意见领袖

主播一直以来都是颇有争议的一个群体，有人为博关注哗众取宠，也有人凭借才华一鸣惊人。人们不断地在重新认识和定义主播。新冠肺炎疫情来袭，许多主播积极投身公益行动，如薇娅、李佳琦、张林超等在第一时间捐款捐物。我们发现，主播群体在引导社会公益方面不容小觑，他们已然形成了一批新崛起的关键意见领袖。

才华横溢，在各自领域小有成就。口齿伶俐的"papi酱"、"东方美食生活家"李子柒、创下吉尼斯世界纪录的主播李佳琦……他们才华横溢却又执着努力，在不同的领域散发着光与热。疫情以来，头部网红主播利用粉丝流量转发求助信息，竭尽所能购置医疗用品驰援疫区，毫不吝啬的公益捐款行为也被公众交口称赞。

自带流量，有超高的曝光率。网红本质上是流量传播的人化，其赖以生存的基础就是庞大而广泛的粉丝，其一言一行备受瞩目，在社交平台上转发、点赞信息，就能够创造超高的曝光率，吸引更多的商机和人气。

为互联网而生，有强大的亲和力。与同样有粉丝基础的明星不同，网红因网而生，在商业领域，网红们通过独到的沟通技巧，获取粉丝和转化粉丝的能力已经有目共睹，相信其强大的亲和力在公益、慈善等其他社会领域，同样也具有号召力，能够持续发光发热。

多平台根植，有多元化的接触点。很少有网红只在单一的平台上经营流量，绝大多数都是根植于多个平台，将多元化的流量融汇，实现全网互动。因此，若网红能在多个流量接触点释放信息，那么无论是商业项目，还是公益事业，引流效果都将不可限量。

如何打造"顶级流量IP"？

提起直播带货，就不得不联想到其背后的网红粉丝效应。在粉丝经济崛起的时代，"个人IP"的价值不容忽视。李子柒的定位是美食博主，女明星戚薇则是众所周知的护肤达人。这些大众熟悉的主播，都有专属的个人标签。没有人愿意看一个不认识的人直播，更没有人愿意去找一个不认识的人做生意。利用新媒体矩阵把"个人IP"可视化，增加曝光量和粉丝群体，是成为网红主播的一大途径。

贵在真实

主播带货贵在真实，因为真实守信是商业买卖行为的立身之本。带货要做到讲真事、说真话、抒真情、传真感，要以至诚之心推优质之品，这样的带货才有旺盛的生命力，才能像磁铁一样吸引住用户。只有真实才能让粉丝信任，形成对带货主播的依赖。真，才能长久；不真，总有人设崩塌的一天。

1. 亲身试穿、试吃、试用。区别于图文或者短视频广告，直播的优势，在于主播能够现场试用产品，一切都是实时动态，分享使用体验与效果，验证产品功能，激发用户的使用需求与购买欲望。拿薇娅来说，下播后，就是不停地试吃、试用和试穿，精选商品，为后面的直播做准备。在卖口红的时候，李佳琦必定自己试色，深度讲解。所以，直播带货中，主播在详细展示和介绍商品后，会有产品测试这个环节，当场试用、试吃、试穿的产品，让用户和粉丝觉得真好看、真好吃、真好用，激发购买欲。

2. 传递真实的产品体验。主播在用自己的专业知识讲解产品的优势时，要注意语言的生动真实，在用实际体验的方式来测评产品的实用性后，要及时准确地传递真实的产品体验，建立粉丝和主播之间的信任，让用户有现场体验感和购买冲动。

例如"口红一哥"李佳琦，每一支口红都亲自试色，再配合生动专业的话术表达真实的产品体验："很春天、很温柔，像是在嘴唇跳动的精灵……"其效果不言而喻。

3. 自然、真实的沟通互动。在展示商品时，要对商品进行全方位展示，将设计细节更加直观地呈现给客户，对商品的使用方法和技巧进行讲解示范，让客户熟悉商品的同时掌握使用技能。在互动回答中，及时捕捉用户提问或者评论，并坦诚沟通，做出详细讲解，通过实时互动交流，让用户获取更多有用信息，打消心中顾虑和疑惑，增加对产品的信任度和获得良好的体验感。

业务能力要"能打"

演绎自己的主播生涯，不仅需要有一颗强大的内心，在开始时要忍受没有过多粉丝的孤寂，在成长后要面对各种人的诋毁，还需要有高强的产品销售、业务推广、场面控制、灵活应对能力。只有多项技艺傍身，主播才能更自信、更有底气，才能让用户更快接收并产生共鸣，直播带货才会获得赞誉和成功。

1. 专业：熟悉产品"参数"。在介绍产品前，要做好功课，对产品各类"参数"了然于胸，有整体全面了解，并对用户可能提问或关心的问题提前做好思想应对，做到有的放矢。在介绍产品时，客观翔实、全面、准确地介绍品牌魅力、官方资质、产品功效、价位、成分、包装设计、促销力度、竞品对比、专家背书、大V口碑、网友好评等，通过专业、悉心讲解，让用户真实了解带货产品，提高对主播和产品的信任度。

2. 控场：把握整体"节奏"。对货品类型全面熟悉并合理安排，有节奏地直播讲解。例如，哪些货品作为开胃菜，哪些货品重点讲解，哪些商品作为福利品、重点产品的对比款，哪些货品作为欣赏品鉴。对商品进行主次分明的讲解，对重点主打的商品"核心卖点"进行较为详细的讲解。这就要求主播在介绍重点主打产品的时候，先提炼出一个或者两个产品的主推卖点，并且在有限的几分钟之内把产品的卖点讲透。比如，李佳琦在重点话术前面，都会先来一句标志性的话语，让粉丝集中注意力收听信息。要注重对直播间直播气氛的把控和提升。直播间的气氛把控得好坏，直接影响到粉丝的观看时长及商品成交，所以一个主播把握气氛的能力尤为重要。例如，主播要掌握多种直播间的互动玩法，如砸金蛋、有奖问答、猜价格、大转盘、对对联、猜灯谜、成语接龙、讲故事或人生经历等玩法，在气氛不好的时候就可以使用；当出现空窗时段，主播就要学会用故事、专业知识等去聊起新话题，转移用户关注点，打破用户层层心理防线，使其信任支持主播，最终转化交易。

3. 推销：深谙销售"技巧"。遇到不同销售场景和客户反馈时，应掌握销售技巧，巧妙应对，促进成交。比如，客户说货是不错，只是价格太贵了，非标品本身没有具体的价格衡量标准，议价是正常销售场景，并不是产品本身不值那个价格，而是客户想优惠些、满足占便宜的心理，主播可以从产品的成本、设计、人工、售后服务以及附赠的福利来应对。遇到同类型的消费场景，可以多维度对比，转移客户的关注点，形成一整套自己的销售逻辑。在产品介绍的后半截，主播话术一定要更务实和落地，以催促用户下单为导向。比如，反复强调促销政策，如限时折扣、前 N 名下单送等价礼品、现金返还、随机免单、抽奖免单、七天退换货、包邮等促销活动。为了营造抢购的气氛，让用户感觉"买不到就是亏了"，可以不断提醒用户即时销量，营造畅销局面，反复用倒计时的方式，迫使用户马上下单，机不可失，时不再来！

4. 互动：了解用户心理。在直播时，要通过真诚互动交流和缜密细致观察，了解掌握不同用户心理活动情况和需求变化，可以帮助主播在直播时应对不同类型粉丝，快速判断粉丝的心理想法，根据实际情况做出应对，吸引粉丝关注、促成下单。针对豪爽的粉丝，要耐心、温和地和他沟通交流，介绍商品的要点优点和吸引人的地方，只要交谈得当，就能引起粉丝的购买欲。针对有依赖性的粉丝，作为主播要富有同情心，站在粉丝立场多为他们着想，多提些有益的建议。关键时刻成交，主播要帮他们拿主意。这个时候主播态度要坚决，让他感觉到你非常认可这个商品，他便会根据你的感受来认可这个产品。针对情绪丰富外露的粉丝，主播要在沟通中重点讲解商品优点，构造出使用或送人时的画面感，满足这类粉丝对场景的想象，从而有利于成单。针对常识性粉丝，最有效的方法是主播用理性思维和友好态度对待，翔实地说明商品的做工、背后寓意和市场价值，做到细节为王。当粉丝进入直播间，要通过简单对话，大概了解或揣测粉丝需求和类型，然后对症下药，促成交易。

5. 韧性：保持直播"频次"。重复曝光效应，指人们会单纯地因为自己熟悉某个事物而产生好感。简单地说，一个人在自己的眼前出现的次数越多，自己越容易对其产生偏好和喜欢。主播经营自己的直播间，出现的频次至关重要。如果你能够保持一个统一的形象，并且多次出现在别人的视野中，那么那个人很大程度上会对你有好感。在心理学上，人一旦被重复输入同一个形象，那么这个熟悉的形象就会减少自己内心的不确定性，从而产生安全感。当你的形象在一个人的脑海中越来越清晰确定可靠的时候，他就会更愿意认可和喜欢你。因此，在直播中要保持韧性，保证一定频率的开播至关重要。同时你还需要保持一个生动而且固定的形象。这也可以解释跨界直播中的大量失败案例，当你建立一个为人熟知的形象时，颠覆它就会给人不可靠的感觉。

智商、情商要"在线"

聪明的智商和控制情绪的情商的价值是无可限量的。"双商在线"不仅关系到自身的成长与发展，也直接影响到直播带货的成绩和效果。主播要通过后天的培养与修炼努力成为一个高智商、高情商、富有人格魅力的人。

1. 说"合时宜"的话。符合时宜、足够感染人的话语，能够引起消费者共鸣并产生消费行为。看过薇娅直播的人都知道，薇娅每次的开场白"哈喽，大家好，我来了，废话不多说，先来抽波奖"，其实是有讲究的。直播一定要开场，把场子预热，不能一上来就卖货。一方面，为吸引大部队粉丝留出缓冲时间；另一方面，通过互动聊天、拉家常或者抽奖等方式，快速拉近与粉丝的距离，积累人情资产，打造人格魅力。在介绍产品时，要从用户的角度出发，强调产品为用户带来的好处，引导用户说出产品使用痛点。在讲解使用体验和效果时，要加入引导性的话语，**强调产品的细节与真实，激发用户的使用需求和情感需求，降低购物罪恶感，从而激发出购物欲望**。在刺激促单时，主播可以利用饥饿营销、价格刺激等方式，通过营销话术，让直播间紧张和火爆的购物氛围达到高潮，刺激观众购买。例如：一个商品有5000件，售价100元，一般先拿出1000件左右来卖，利用"刚上架就被抢完了，工厂正在补单，只有500件了"等话语刺激购买欲。

2. 情绪饱满，亲和力、感染力上升！直播卖货的时候不会露脸，因为镜头里只有商品，所以要让别人感受到你传达的感情、谦和的态度，只能通过你的声音来展示。那么，情绪饱满、提升声音感染力和施展亲和力至关重要。要注意"聆听"，紧盯粉丝的发言，及时回复问题，了解需求主动及时沟通，更容易成交。比如：粉丝发言说"老板，这个尺寸多大"，你就要及时回复关于商品的信息。要主动热情，讲话声音洪亮，多介绍产品亮点，新粉进入直播间要马上欢迎，让他觉得直播间是有温度的。要有诚挚的关爱，不同时间段，可以利用不同的话题去对粉丝表示关心。比如：早上直播时间——"这么早就起来了？吃早餐没有呢"；晚上直播时间——"晚上好，今天忙不忙，累了吧，来一起唠唠嗑"；周末直播时间——"今天没有出去玩哦，好不容易周末，在家休息一下也挺好的，没事就来看看我的直播哦"。

3. 捕捉新粉，化解黑粉。主播面对的用户形形色色，要学会捕捉新粉，化解黑粉。无论老粉、新粉对于礼品都不会抗拒，捕捉新粉，可以通过粉丝点关注赠送、把直播间转发分享微信朋友圈赠送、买一送一方式，赠送手机充电线、手机车载支架、钥匙扣等实用性礼物，吸引新粉关注；采用官方频道连麦方式，主播可以通过在官频展示自己的才华、货品优势、人格魅力、娱乐才艺吸粉；采用游戏互动方式，在直播间弄个幸运转盘，满2000元转一次，幸运转盘里设置奖项，一等奖8折优惠、二等奖免代购包邮、三等奖安慰奖等，让新粉通过直播间，不仅仅能买到满意的货品，还能娱悦身心。而所谓黑粉，就是进入直播间，扰乱正常开播秩序的粉丝群体。对此，主播要随机应变、妥善应对。针对恶意出价的粉丝，比如一件货主播出价3000元，粉丝给价800元，这时主播可以说"这件货3000元是随随便便看得到的，要是看不到价，咱就过"或者说"如果这件货800元你能买到，可以给我来一车"。针对这样的黑粉出价，主播需保持心态平和，体现出主播沉着的气质，并灵活运用话术进行沟通，会使其他识货粉丝更认同主播，使直播氛围更好。当遇到恶意辱骂主播的黑粉时，主播必须保持心情平静，通过平台拉黑、设置敏感词出现等方式处理，如果数量庞大，可以进行平台反馈或者求助官方工作人员，切忌和黑粉相

<u>互攻击</u>。处理完，主播可以说："黑粉来了，大家不要理会，已经拉黑，我们继续看货。"始终注意保持心平气和，不能让不良情绪影响直播。

4. 突发情况，需要"四两拨千斤"。主播经常要面对突发情况和尴尬局面，需要机智处理、巧妙化解。面对突发情况，可以采用不惧自嘲、转移话题等方式妥善处理，心胸开阔、气量不俗、头脑冷静、机智多谋，方能圈粉无数。

"个人标签"要突出

一个成功的直播必定是标签化的，这样才更容易被人们记住，这一点非常重要。所谓的"标签化"，我们可以理解为在身上存在的具有标志性的符号，它让你与其他竞争者区别开来，让观众知道你是谁，是一种易识别、能够重复传递给粉丝群体的记忆点，便于提升自己在粉丝心目中的品牌形象。

1. 个性化"口头禅"。众所周知，很多大主播都有自己的一些特质，让人过目不忘。而这些特质之中，最好塑造的就是口头禅。口红王子李佳琦那句标志性的"Oh My God"，还有薇娅的"倒计时开始，54321，上链接"，罗永浩的"基本上不赚钱，交个朋友"都让人耳熟能详。

为什么口头禅有这么大的魅力？因为口头禅短小精悍、幽默有趣，便于大规模传播和改编，这也能够加速主播的圈粉之路，在主播没有直播的时候，可以代表主播进一步扩散影响力。那么，如何塑造自己的特色口头禅？

符合个人定位和气质。设计直播口头禅时，首先要让口头禅符合个人的定位与气质，既能让粉丝有新鲜感，也能让粉丝对主播产生全方位的记忆体验。主播们可以思考一下自己，平时说话时最喜欢说什么字眼，也可以结合一下自己家乡的方言，更具个人特色和魅力。借鉴影视剧、小说、游戏里的台词，用自己特有的方式说出来，也可以成为自己的特色口头禅。

方便大家记忆。设计口头禅时，另一个需要遵循的原则是"方便记忆"。过于复杂、深奥、生僻的字眼、词组、短语、会令受众产生记忆抗拒。因此，口头禅不宜过长，以句式出现时，要简单、易懂、上口，不能出现生僻字。同时注意口头禅应以大众审美观为参照，尽量幽默诙谐，弘扬主旋律，传递正能量，坚决杜绝低俗、庸俗、媚俗，否则在粉丝们和舆论媒体中的形象会大打折扣。

要反复使用。当你想到一句很不错的口头禅时，一定要进行"强化"，反复使用、多次重复，在直播过程中特别是直播初期，要时不时重复，加深观众的印象，增强个人品牌的识别度，打上自己的标签和烙印。主播"papi酱"在直播中的口头禅是"我是papi酱，一个集美貌与才华于一身的女子"，这句话成为媒体与粉丝竞相传播的焦点，也成为"papi酱"的个性化标签。当然，口头禅也切记不要太过刻意，符合直播场景和气氛，自然而然地随口说出，效果才会好。

2. 独一无二"撒手锏"。反差式的人设定位，辨识度极高的记忆点，超高性价比的选品，颇具张力的言谈举止，这些就是一个优秀带货主播独一无二的"撒手锏"。

反差式人设定位。一提到人设，我们都觉得是一个负面的词汇。其实不是，人设是找准自己的定位。李佳琦的人设就是超强反差。以往卖口红的主播都是女生，但李佳琦作为一个男生，对口红那么了解，这种反差感就让人感到很新奇。除了定位要有反差感，直播带货的人设还要接地气。直播带货的人设和演艺圈、网红圈的人设不同，演艺圈很多明星、模特的人设，往往给人一种不食人间烟火的感觉。网红也是世界各地旅游晒美照，给粉丝一种憧憬感：我关注你，是因为我也想过你的精致生活。作为带货主播，往往会和粉丝之间建立"姐妹""朋友"的关系：你相信我，我给你推荐的一定是好东西。带货有效果，往往是基于这样的"亲密感"。

辨识度极高的记忆点。朱一旦在抖音、B站、微博上都很火，有几百万的粉丝。能让人印象非常深刻，很大部分的原因就是他的每一个视频结尾，都有一句台词："有钱人的生活，就是这么朴实无华且枯燥。"朱一旦另外一个独特的记忆点就是一块劳力士手表，以至于不管他是拍广告宣传照，还是有粉丝要和他合影，都会露出那块标志性的劳力士。

超高性价比的选品。直播带货往往都是秒杀的形式。能吸引顾客来看你的直播，最重要的就是你的产品好、性价比高。在直播带货领域，有很强的马太效应。你的粉丝购买力越强，产品曝光度越高，那么你能拿到的价格越低，优惠越多，也就会吸引越多粉丝。李佳琦因为流量够大，他的直播间里的商品都能拿到全网最低的价格。罗永浩本身是一个很有影响力的人，自己会销售一些文创产品、图书还有零食和生活用品，也能拿到比较大的折扣。

颇有张力的言谈举止。全场干巴巴地讲解，来来回回只说产品会让直播枯燥无味。但是言语间"有情绪"就不一样，例如，薇娅在直播间卖一款食用油，有人就问："这油是不是转基因的？"薇娅是怎么做的？她露出一种被好友误会后，虽然略带嗔怪，但终归还是朋友的表情——翻个轻微的白眼，叹口气，带着笑意轻拍一下自己的胸口，说："问我是转基因的吗？你觉得我会卖转基因的油吗？是这样的哦，我卖的东西，是我自己一家老小都要吃的。"然后她再次强调："我会把我自己不吃的东西推荐给你们吗？"这种做法很像是，我们之间是好朋友，我不强迫，我只推荐，且诚意推荐，你买不买全看你自己。作为粉丝，听到这里，难道不会乖乖下单吗？

主播需警惕"深坑"

当下直播带货成为主流，不仅让许多商家为之心动，纷纷加入直播带货行业，更是让不少主播转型，做起了带货主播，直播带货最大亮点在于转化率高，高转化率带来高成交额。但很多主播和商家，做直播带货效果并不好，因为他们陷入了"深坑"，掉进了"陷阱"。

盲目迷信"人设",易翻车!

李佳琦、薇娅这样的头部主播品控严、人设正,但也遭遇了接二连三的"翻车"。先来说说李佳琦员工庆庆抢红包事件,庆庆是李佳琦团队的一名年轻女员工,近期却被网友指责不该抢李佳琦发给粉丝们的红包,而且之前李佳琦也有规定,员工不能抢发给粉丝的红包,庆庆却屡犯错误。这引起网友们强烈不满,最后李佳琦只能把庆庆叫到摄像头前,让她向观众道歉,并让庆庆拿出2000元发红包补偿粉丝。可即便如此,李佳琦当天卖货也受到影响,不少货物都卖不出去,说明舆论节奏也能影响到消费者的购买!除此之外,李佳琦在货物上也翻过车。2020年3月19日,李佳琦卖了一款脱毛仪,因为直播讲解内容和商品详情页面描述不符,引起网友的质疑。随后李佳琦工作室发表声明,将补偿购买脱毛仪用户每人200元。这两次"翻车"都让李佳琦很是狼狈。无独有偶,薇娅也经历过直播卖货"翻车"事故。2020年3月24日,薇娅直播销售一款有抄袭争议的服装,遭到网友指责。而次日薇娅就在官网中发表道歉声明,表示已经下架该产品。能够发现,两位顶级带货主播关注度更高,一旦出现"翻车"事故,带来的影响也更为恶劣,所以对于每一件商品的代理,对于每一件舆论事件的处理,都要力求完美。

再来说说罗永浩。罗永浩自2020年3月宣布直播带货以来,已经多次直播"翻车"。之前,罗永浩就有过多次"操作失误"

式"翻车"。比如，错把"极米投影仪"说成了"坚果投影仪"，把"买两盒发两盒"说成了"买两盒发三盒"等。当然，也不乏涉及质量问题的"翻车"，罗永浩直播"花点时间"玫瑰礼盒，遭消费者投诉鲜花质量不佳。事后，"花点时间"公司原额退款，罗永浩多赔偿一份现金，自掏腰包 100 多万元。对于很多情侣来说，"5·20"是一个浪漫的日子，如果收到烂花，那这样的"5·20"本身也是"翻车"。这次，罗永浩直播卖出"烂花"，再次在产品质量问题上"翻车"，确实严重侵害了消费者的正当权益。像这种"翻车"，进而导致"三方全输"的情况，无论是罗永浩这样的直播方，还是"花点时间"这样的商家，都应该警醒，莫再做这种"搬起石头砸自己的脚"的事情。

这几年，随着直播带货的兴起，直播"翻车"现象，也经常发生。到目前为止，几乎没有带货网红能做到"零失误"。对于这种情况，其实锅也不能完全甩给带货方，我们需要看到，由于工作和定位的原因，直播团队很难对整个生产流通环节进行品质把控，还有直播带货的相关产品，往往需求量大，对供应量和物流都有极高的要求，并非每一个商家都能在短时间内既保证产品质量，又保证供应和运输到位。当然，"很难做到"并不等于"做不到"，直播带货的种种缺陷，也并非一道道"无解题"。作为直播带货方，对于所要带的货，事先应与相关商家进行合理评估和仔细甄别，审核通过后再进行合作。而对于商家而言，如果产品品质以及供应运输等方面跟不上直播卖货的节奏，那就没必要给自己挖坑。

急于"变现",易掉粉!

作家凯文·凯利有一个著名的"1000铁杆粉丝理论",即一个艺人只要拥有1000个铁杆粉丝,就可以衣食无忧。可见粉丝对于一线明星、带货主播具有多么大作用,明星、网红普遍微博粉丝过万,事实上他们各自的铁杆粉丝可能只有几百个人,但这几百人的影响力却传播形成了上亿的市场规模,造就了巨大的商业价值。因此,吸引粉丝对带货主播至关重要。但如果主播没有做好吸粉工作就着急带货变现,很容易造成流量流失。直播间没有粉丝呐喊、没有热度追捧、没有爆点吸睛,变现结果也不会理想。因此,带货主播一定要先吸粉后变现。

那么,粉丝是什么?铁杆粉丝又是什么?作为一个主播,我们怎样才能积累更多的铁粉呢?用一句话来定义:粉丝就是支持者,是与你有情感连接的人或组织,而铁粉就是无条件支持者。利用"深度粉销",建立粉丝无条件信任的思维构造产品、构建价值链,建立和维护品牌或企业与用户间的黏性关系,是当今最卓越的营销方式之一。

吸引粉丝,选品第一,因为产品是营销的基石。传统企业由于品牌调性和产品属性,导致其在粉丝营销上存在很多的局限性,任何成功的运营,都离不开一个非常重要的前提——合适的产品。那什么是主播带货合适的产品?我们认为必须满足两个基本条件:一方面是内在,产品品质过硬,要有"尖叫点"。在大众传播时代,或许可以依靠垄断媒体资源,打造品牌知名度,但在移动互联网时代,品质是最重要的社交货币,没有产品力,一切都毫无意义。另一方面是外在,社交货币值高,具备嫁接话题的潜质。主要看产品是否适合移动互联网时代的社交语境,或者有没有改变提升的潜质。移动互联网时代,品质是品牌打造口碑的基础,除此之外,还需要另外一枚社交货币——话题,产品本身要有"可晒点"或者"槽点",具备嫁接话题或者引发分享的能力。如果产品过于平庸,会限制创意的想象空间,导致缺乏引爆话题的能力。

做好选品后,规则决定传播的路径和效果。有了好产品还远远不够,还要吸引粉丝参与到活动中来,做活动的传播者,而规则相当于一次活动的顶层设计,决定了活动的走向和传播的最终效果。过去做活动是我们带着粉丝一起玩,现在是让粉丝自己玩。事实证明,粉丝的自发组织能力非常强,而且在没有过多约束、充分授权的情况下,粉丝参与的热情更高、创造力更强,但前提是要设定好游戏规则,做好规范正向引导。

精选粉丝中的领军人物。活动中,粉丝可以充分展现热情和才能,但其实也让我们承担着可能失控的风险。我们可以提前从自己的铁粉中,选出适当数量的铁粉作为队长,来协助你完成活动。比如,你有1万个粉丝,你可以选出10名作为队长,另外9990名就是最后被影响到的更大范围的目标人群。由队长去传达游戏规则、帮助直播间互动、组织任务、分享使用心得。队长是产品和品牌的拥趸,黏性最高,在直播间扮演着联系员、内行和推销员的角色,是他们将一个个分散的人通过信息连接起来，并且活动信息通过他们的传播，变得更具有可信力与感染力。

注意打造铁粉拥趸。多看热点话题和新闻资讯，将服装搭配、流行趋势、前沿资讯等讯息，在直播的时候分享给粉丝，增强权威性和专业度，提高新粉的参与度和老粉的活跃度。在直播过程中，积极与粉丝互动，包括发起话题、分享直播间、发布活动规则、回答粉丝的问题等，提高直播人气。建立下单大户 VIP 群与铁杆粉丝专属群，方便管理粉丝和分享传播。直播结束前，可以与粉丝一起玩会儿小游戏、聊会儿天或者发送小福利，加深关系。通过微信、微博等社交渠道，与粉丝分享自己的生活点滴。在重要的节日，向特别粉丝送上祝福或礼物。只有打造一支坚定支持拥护自己的铁粉队伍，才能让流量变现持续稳定。

一味"媚粉"，难持久！

在网络直播风头正盛的当下，偶发的悲剧新闻却让人深思。据报道，2019 年 8 月 28 日凌晨 1 时许，湖熟灵顺大桥附近有人落水。等被打捞上岸时，男子已经溺亡。溺水者于某某与另外两名同伴系某直播平台主播，平时就在该平台直播河中捕鱼。事发当晚，三人乘坐木船出发，一路直播撒网捕鱼。途经湖熟河段时，于某某想在粉丝面前表演一下撒网，结果身体失衡不慎掉入河中。原本只是想吸引粉丝注意，没想到搭上了性命，让人扼腕叹息。从法律上看，粉丝只要不是故意诱导主播坠河，就不会被追究刑事责任。但从伦理上讲,如果主播不是为了取悦粉丝,就不会有此横祸。在以流量为标准、流量与资本紧密绑定的直播逻辑里,主播想赢得更多关注,就难免要做各种"出格"的事。把自己的姿态放得很低,一味无下限地讨好粉丝,在"秀下限""玩刺激"上大做文章的媚粉行为难以持久,不仅对自身安全产生直接危害,还污染了网络空间,给社会风气造成不良影响。

那是不是说,主播和粉丝之间所有互动,都是"媚粉"?其实不是。"媚粉"指的是姿态卑微地讨好,他们的互动有目的性。主播并没有把自己放在一个和粉丝平等的位置上,而是低于对方。这样的关系,对主播而言,是束缚;对粉丝来说,也让他们深深陷入了与偶像的虚幻关系里。这不是一种良性互动。那良性互动是什么样的?言语间并没有丝毫讨好的意味,反而和朋友聊天一样自然亲切,这就是"宠粉",而不是"媚粉"。

"宠粉",是能及时回应、感念粉丝的支持,像朋友一样去关心他们、挂念他们。它更像一种精神上的陪伴和亲近。这样的互动,其实是给粉丝提供了一个了解自己的渠道,亲近而不失分寸感。聊完天,还会让粉丝"该上班的上班,该发呆的发呆",营造一种相互陪伴,但各有自己生活的氛围。既让粉丝感觉到被重视的温暖,又不会有越界的麻烦。这样的关系,更接近朋友之间的相处方式。不讨好,但也不会拒绝一些普通的互动,让粉丝感到被尊重。这大概就是"宠"和"媚"的根本区别——粉丝和偶像,谁也不比谁高贵或卑微。一份平等的回应,不为利用，只是在表达：我看到了，我很感激。

始终隔着屏幕的粉丝，最初或许是因为外在和主播结缘，但能产生精神化的、更丰富的羁绊，一定是持续不断的表达——对待每件小事的态度、每次回应中呈现的喜恶倾向，这些琐碎细微之处的累积，所呈现的迷人特质。和粉丝的距离感，不是非得用卑微的"媚粉"姿态去缩短。因为欣赏而被吸引，因为崇拜而追逐，因为相似的缺憾而想要陪伴，甚至是某个想法、某段经历，在一瞬间引起的强烈共情。这些情感，依然可以拉近两个人。由此建立的羁绊，更长久，也更牢不可破。

因此，我们主播要"宠粉"而不"媚粉"，我们要打心底里感谢粉丝，知道自己的名气都是靠粉丝给的，好好善待自己，好好引导粉丝，以力所能及的行动，推动自己和粉丝互相鼓励、共同进步。

劲草不怕疾风吹——直播带货之"选品"

直播带货本质上是一种"注意力经济"或"体验经济"的延伸。主播个人效应和品牌折扣吸引粉丝到来，即时性、互动性以及社交化的消费场景，又带来更便利、更新鲜、更快捷的消费体验，从而有效提高商品转化率。不论主播名气多大，直播团队在选品、价格、营销及服务上必须要花更多功夫，才不辜负粉丝"隔着屏幕的信任"，也唯此才能实现多方共赢。

产品选得好，卖货没烦恼。不管是产品推销还是直播带货，选品都是至关重要，甚至可以说是决定"生死"的关键环节，一点都马虎不得。如果产品没选好，就算你的直播间人气很高，也可能会出现零转化的情况。因此，擦亮双眼，选准商品，对于带货主播至关重要。

产品选得对，销量翻几倍！

在一般人的印象中，李佳琦就卖美妆产品。其实不然，李佳琦也会卖零食、家居用品等。那是不是表示，我们直播想卖什么，就卖什么？当然不是。头部主播带货产品种类丰富，是因为他们本身已经积累了非常庞大的粉丝群体，具有了知名度。不管卖什么产品，总会有人买账。但不是所有主播都可以这么"任性"。如果直播带货人和场都到位，但产品没有到位，那么这场直播可能就打了水漂。那么，直播带货产品怎么选呢？

直播带货产品与账号定位属性相关联。我们常常说，视频内容要与账号定位垂直，系统才会根据你的垂直内容贴上精准标签，将视频推荐给更精准的粉丝。直播带货产品选择也是一样，你的账号如果主攻美妆，直播带货产品就尽量选择美妆相关产品。一方面你对产品的熟悉度高，另一方面也符合粉丝对账号的预期，这些都有助于提升产品转化。

产品亲自使用过。自己使用过产品，你才能知道它到底是不是一款好产品，是不是适合你的粉丝消费群体需求，有哪些特性，该怎么使用，怎么推销。例如，你带货一款洗面奶，你得事先知道：这款产品适合油性皮肤还是干性皮肤，你自己是什么肤质，你使用后是什么感觉？你身边其他肤质的人，使用后是什么感受？你的粉丝对洗面奶有哪些需求？这款洗面奶，能否满足他们的需求？这些都需要你亲自测过后才能得出结论，才能在直播间根据实际使用感受，向观众、粉丝推荐你的产品，产品才会更有说服力。

选择高性价比带货产品。不管是哪个直播平台，高性价比、低客单价的产品，都会更占优势。薇娅的直播带货产品，永远都会给粉丝"全网最低价"且"无条件退换"的福利。一方面最大限度地保证了粉丝的权益，另一方面也让粉丝对主播产生了极高的信任，回头率高。

根据品类选择直播带货产品。直播带货平台上会有相对来说热门的产品品类，如美妆、零食、家用电器等。可以在这些热门产品品类中选择自己擅长、账号适合的产品在直播间售卖。

借助工具选择直播带货产品。学会使用工具，是非常重要的运营方法，选择直播带货产品也一样。例如，我们可以利用飞瓜数据分析，直播商品中哪些产品的销量好，哪些产品在直播峰值的时候销量最高，哪些产品被点击的次数最多，哪些产品交易得最多。根据这些数据，我们能够获得高销量产品的名称、品类、单价、来源等各项信息，然后根据这些信息结合账号定位、粉丝需求，来选择合适的直播带货产品。

选择颜值高、轻便的直播带货产品。直播带货是一个即时展卖的场景。产品的外观会影响观感，产品太过笨重，不便于展示。因此，直播带货要选择外观好看、质地轻便的产品。在直播间卖货，观众摸不到实物，好看的产品当然更能吸引观众的目光。

选复购率高的直播带货产品。某些时候，直播带货粉丝群体相对稳定，所以，产品的购买频次一来影响收益，二来影响粉丝活跃度，处理不当还会掉粉。选一些快消、复购率高的货品，会有更好的效果。

如何挑选"爆品"？

对于大多数主播而言，直播带货拼得更多是"货的选择"，选对一个爆款，对于一场直播而言事半功倍。选择产品时，一定要从多个方面去考量，选择匹配程度高、满足粉丝需求的产品，这是迈向成功的第一步。

适配原则——选"对"的，而非"贵"的

李佳琦和薇娅两位网红主播，在直播中所推荐的产品价格

不过两三百元，是一个大众都可以接受的价格。没有一个足够吸引粉丝的价格，将会直接导致直播效果的不尽如人意，继而影响主播的销售额和信誉度。因此，直播货品要选择符合人设、满足需求的"对"的产品，而非"贵"的大牌名品。

适合主播人设

不管是商家直播还是个人带货，都一定要选择和主播标签相同的产品，就像是让一个未婚女孩去带母婴产品，换作你，你会相信吗？所以主播在选择商品的时候，一定要考虑自身的定位，选择不适合的商品只会浪费时间，甚至影响自己的粉丝黏性。以李佳琦、薇娅、罗永浩为例，"口红一哥"李佳琦主攻美妆，大部分女孩愿意为其买单，是因为他的人设符合口味和需求，谁会不爱这位干净利索的小哥哥推荐的化妆品呢？另一位"直播一姐"薇娅，长得漂亮，口才也好，给人感觉就是一个会生活、懂生活的家庭主妇，把家庭的里里外外都捯饬得顺顺当当。因此，她的粉丝多是以"宝妈"等中年女性为主，购买力强、经济负担轻，产品以女装、家居用品为主。"硬核直男"罗永浩，主攻录音笔、扫地机器人、手机、电动牙刷等科技类产品，给人以专业感和信任感，让人不得不爱。

因此，带货商品应符合人设，与主播的相貌、性格、特点相契合。比如，颜值高的小姐姐适合做服装、美妆类的主播，成熟少妇适合做母婴类的主播。性格方面，有些人乐观开朗，有些人严肃冷静，有些人文静优雅，那么他们各自适合带什么货呢？第一种主播适合卖地摊百货，她就跟街头卖锅碗瓢盆的大妈一样，热情地招呼吃喝；第二种主播适合卖养生补品，她就跟医院的专家一样，望闻问切专业到位；第三种主播适合卖茶叶，端着装有茶叶的青瓷杯，品味的既是香茗，也是人生。最后是特点，有些主播喜欢说段子，而且说得眉飞色舞，表情和肢体动作都比较丰富；而有些则擅长举例子，摆事实，讲道理等，那么这些都是人设中比较突出的闪光点。因此，我们要根据日常生活中的角色定位，去选择适合自己的带货品类。

那么，人物设定会经常随场景发生变化吗？比如今天你去卖奶粉，你本来的人物设定是文静优雅，这时就得转变成一个宝妈的角色，通过现场试用等一系列操作来推荐奶粉，同时在互动时了解观众关心的问题，逐一地进行解答和引导，最终促成交易。主播还是那个文静优雅的女人，但她给观众的印象，却是一个有修养有品位的宝妈。所以不在乎每场直播扮演什么角色卖什么产品，人物一旦设定是不会轻易改变的，需要做的只是稳定输出自己的人物设定，给自己的粉丝不断洗脑，加深观众的印象，形成"个人IP"的符号。通俗讲，就是强化输出、加深记忆，形成品牌烙印。

满足粉丝需求

直播间的粉丝，一定是因为你的特定属性能满足他们的需求才关注你。所以你选择带货产品时，一定要了解粉丝用户属性和需求，这就要求我们必须对用户需求有足够的认知。用户最早是观看直播，浏览自己感兴趣的商品，接着才会关注主播的直播内容。用户对直播内容感兴趣，会继续看下去，并参与直播现场互动。在停留过程中，用户也会查看商品详情，看看他人评价或提问，以此作为参考，并希望主播进行商品代体验。用户看过主播，对商品进行代体验后，会联想自己拥有并使用时的情景。当用户认为直播中的商品能够满足自己的需求时，他们便会产生购买需求。用户有了购买需求，他们并不会直接下单，而是还要跟其他主播的同类产品进行多方比较，权衡利弊。此时，他们处在一个犹豫不决的状态，主播要及时抓住用户心理变化进行沟通，让用户对购买这件商品满怀信心。用户相信主播、认可商品，便会直接下单。当用户下单后，要注意用户购物时的愉悦心情，以及他们收到商品后的成绩感与满足感，让其感谢主播、成为粉丝。并且根据用户需求，及时补充产品品类，满足粉丝需求。粉丝的需求被满足，才会粉你，才会持续下单。

价格优势——选品不谈价格，都是"耍流氓"

选品不谈价格都是耍流氓，因为产品价格直接影响到粉丝的购买意愿。同品类里的低价，会更受粉丝欢迎。直播平台上带货火爆的产品，多集中在百元以内，秒榜、全网最低价等，也是以低价优惠，来吸粉、宠粉和引流。

高性价比，全网最低

直播的本质是团购，直播带货和当年的电视购物在形式上几乎一样，激情的推荐、夸张的肢体语言、低折扣促销，让消费者在短时间内下单购买。只不过直播购物还具备较强的互动性，既然是团购，就离不开极致性价比，东西好且价格便宜。另外，网红直播产品还有一个特点，就是好卖、刚需。现在很多直播方，都会和合作商家签订协议，产品必须要好卖，是刚需品，还要保证价格最低，就是基于上述道理。

那么那些不适合直播带货的商品，就不能参与这种全新的营销方式了吗？这就要说到直播的另外一种方式，这种直播方式不是要快速卖多少货，而是为了实现品牌曝光和推广，与广告的目的差不多，这就是我们前面提到的"直播带品牌"。前几年像长城、蒙牛等一些企业喜欢做一种直播，就是邀请一批KOL和普通消费者来参观自己的工厂，并不是简单为了带货，而是为了让受众了解自己的工厂拥有先进技术，自己的产品安全放心，从而提升品牌在消费者心中的形象，这就属于直播带品牌。

需要注意的是，想要直播带货的品牌，需要满足低单价和高折扣的条件，直播带货并非百利而无一害的营销方式，一些不具备直播带货条件的品牌，如果强行带货，那会带来一些问题。直播带货建立了商品低价、高折扣的印象，几乎每一个看直播的人，都会冲着低价而来。如果你的商品平时很少降价，参加直播后却给出了比较大的降价幅度，那它就向市场传递了一个信号：平时你的商品价格过高，直播间的价格才值这个价。一旦直播的商品给消费者留下了低价的印象，再想让品牌力上升，就会非常困难，因为低价效应会降低品牌力。同样道理，高端商品比如奢侈品，绝对不适合直播带货，奢侈品是品牌力最强的品类之一,一旦其为了直播带货降价销售,其高利润的品牌力根基将会被动摇。因此,企业经营的目的,一定是获取利润。如果降价的直播带货无法让商品获取利润,反而降低了品牌力,那这种方式显然得不偿失。

废话不多说,先来抽波奖

对于粉丝来说,没有什么比红包和抽奖更让他们开心的了,哪怕奖品只是5块钱的小红包,他们可能也会觉得自己捡到大便宜,对主播也会好感倍增。因此,主播要学会抽奖玩法,让粉丝觉得在直播间购物物超所值,从而在心理上提升对主播的好感度,增加粉丝的停留时长和粉丝回访。下面推荐几款抽奖活动:

砸金蛋。主播可以买3~5个金蛋,每个金蛋里放一个纸条,不同纸条分别对应不同的奖品,如真心话,回答对应观众的一个问题、简单的惩罚、获得红包等。限时2~3分钟,粉丝通过点关注、扣666截图参与抽奖,被选中的粉丝,就可以获得砸金蛋的机会。

转盘抽奖。主播可以用电子转盘或者实物转盘,上面写着对应数字和奖励内容,粉丝关注互动抽奖,抽中可获得相应奖励。

扑克牌比大小。主播可选择两位互动粉丝,由主播发牌,用户抽牌,比大小。获胜的可以获得精美小礼品。主播也可以和粉丝比大小,粉丝牌大获得福利,牌小连麦接受惩罚。

抽奖类游戏,奖项要设置得有互动性和回馈性,开场白后进行一次互动抽奖游戏,可以聚拢人气。奖品福利要精心准备,要和带货品类相关联，或者和带货专场相关联，只有这样才可以给粉丝留下深刻印象，便于带货产品的推广销售。

直播间优惠券设置

直播间设置发放优惠券环节，目的是加强粉丝与主播的互动，同时强化电商直播的变现能力，刺激粉丝的消费行为。

直播间内一般可发放两种优惠券，即单品券和全场券。主播可以设置特定的优惠券，与直播中的商品相结合，选择单品券去进行发放，目的是吸引粉丝购买某个单品。主播还可以发放全场通用的优惠券，刺激粉丝消费的欲望。

直播间内通常有全员抢券和分享领券两种发券玩法。主播可以向粉丝发放优惠券，同时限定领取时间和数量，比如可设置在10秒倒计时后的弹窗领取。或者主播发布分享领券的任务，粉丝需要邀请一位好友进直播间，好友进来后，分享者和被分享者才会看到领券画面，然后点击屏幕即可领取优惠券。

需要注意的是，优惠券设置尽量不要出错。如果主播在介绍产品的时候，告诉观众，不仅有最低价，还有优惠券可以折上折，结果优惠券用不了，这就会打乱主播节奏，也有可能引起粉丝反感，让粉丝感到烦躁，不愿意再花时间购买商品，从而掉粉影响转化。因此，优惠券环节要精心设置，避免疏漏。

有买有赠，福利升级

主播的持续火热，离不开粉丝们的支持，因此，主播可以送给粉丝们一些福利或者小礼物作为回馈。小礼物可以是：

照片水杯。希望粉丝能够"一辈子"支持，所以送水杯给粉丝可传达心意，在水杯上定制主播的照片或者与粉丝的合照效果会更好。

音乐盒。可以根据主播喜欢的音乐，定制一款音乐盒，作为送给粉丝的礼物。用照片定制的水晶音乐盒会给粉丝更多的感动。

软陶公仔。根据主播真人定制的软陶公仔，也是让粉丝们特别心动的一款礼物，而且还可以定制与粉丝的双人软陶公仔，打动粉丝效果不错。

水晶奖杯。可以为粉丝定制一款"最佳粉丝"的水晶奖杯，然后在上面写上你对粉丝的感谢和祝福，这样的礼物对于粉丝来说十分暖心。

钥匙扣。可以定制一款带有主播签名或照片的钥匙扣，送给粉丝，精巧而又实用，可以随身携带，自然会让粉丝喜欢。

总之，将自己的直播间变成一个双向共赢的地方，是进行长期粉丝经营必要的步骤。

品质保障——绕过"品牌"，关注"品质"

直播带货，相当于开了一家品牌店。太多的售后问题，影响主播的形象和人设。直播带货要用做品牌的思路去经营。所以直播带货，一定要选品质过硬的产品，有品质高的产品做前锋，才可以有后续的回购和捆绑销售。

正品质量有保证

产品是一切的根本，只有好的产品才能让消费者愿意买单，因此选品对直播带货至关重要，在选品时应该注意选择正品，质量才有保证。品质保障有哪些呢？

首先，产品要有核心竞争力，在某一具体功能上受到市场和消费者认可。热销的明星单品，有相当的知名度和口碑加持，相对其他产品在带货上有天然优势。如果是面对非知名的产品，我们可以挖掘其本身特性，比如创新性可以让认识度和记忆度更高。其次，有品牌背书的产品更受市场欢迎，对于品牌产品的基本信息要描述详细、具体，比如图片、详情页、备案情况等，对产品所属的集团背景，也应了解清楚。最后，一定要对产品资质进行严格把控，授权信息、商品生产信息、认证证书等是否合法有效。如标示和宣传"美白""祛斑"功能的化妆品，在生产、销售前是否取得认证。虽说品牌的背后是信任，但在选品时不要迷信知名品牌，而要更多地结合产品本身的过硬质量、主播现场亲测效果和粉丝积极正面反馈，来综合做出判断。

无条件退换货

《消费者权益保护法》第二十五条规定：经营者采用网络、电视、电话、邮购等方式销售商品，消费者有权自收到商品之日起七日内退货，且无须说明理由。因此，主播带货，要勇于承诺无条件退换货，底气来自对自身服务质量和带货商品品质的信心。

直播购物是一种冲动型消费，在特定的场景刺激下，很少有人能把持住，等下单后归于平静，退货就随之而来。产品一旦不满意，消费者第一时间肯定是找主播，但是对于主播来说，能否按时发货，以及发给粉丝的货品质量其实并不由自己控制。说到底，主播只能在选品和产品折扣上有决定权，对于商家后期履约能力的约束，其实并不高。

但这不是说带货直播只能坐以待毙、无计可施。作为带货主播，要对产品的质量问题格外重视，投入大量时间和精力用于选品，打造成熟的后端运营团队进行严格把关，对选品采取严格的执行标准，对合作方在产品质量上提出更严格要求，并为容易出现质量问题的品类，设计严格的赔偿措施。如果合作方产品出现大规模质量问题，并且出事后不是诚恳地帮助消费者解决问题，而是讨价还价、心存侥幸、逃避责任，那么主播要坚定不移、毫不犹豫地站在消费者一边，坚持站位、坚定立场、把握方向，义不容辞地维护消费者权益，依法实施报复性维权，彰显社会公平正义，维护自身形象和名气声誉。

给予信任背书

直播带货将线下的场景移到了线上，现场实物比图片更直观，主播的口头介绍也比网站上的产品文字说明更有亲和力。主播和消费者的良性互动，有助于及时解惑，增强消费者的现场感。主播与粉丝之间建立的是了解型信任关系，为了不破坏这种关系，主播必须利用自己的资源对带货产品进行把关，保证粉丝的正当权益不受损。这相当于信用背书，将粉丝对主播的信任在很短的时间内转移到所带的货品上。如果没有这个机制，消费者和厂商之间，需要通过长时间的信息沟通交流、多次互动，增进彼此之间的了解，才能建立信任。

直播带货中，主播作为品牌和用户之间的桥梁，信用背书主要通过以下途径：主播必须在直播的时候，现场和品牌方进行砍价，力争在保证质量水准的前提下，给予消费者最低价格。通过溯源直播、溯源视频方式，主播亲自去品牌方的工厂、专柜，看他们的产品是怎么制作出来的，制作的流程是什么样的，线下卖什么价格，并且为用户体验产品，让用户放心。还有就是介绍产品细节、品牌历史、演变过程、创业故事以及自己选择该产品的理由。通过这些方式来构建和用户之间的信任，让用户知道你在直播的背后都做了些什么，一款产品是如何生产制造出来的。只有不断找到优质的产品，让用户觉得你推荐的产品质量好，价格比市场价低，他们才会持续关注你、信任你、支持你。

当下最热——适时学会"蹭热度"

与发视频蹭热点的逻辑一样，直播带货产品的选择，也可以蹭热度。例如夏天的小风扇、冬天的暖手宝，又或者是当下某个时间网红、明星带火的某款产品，都是我们可以蹭热度的产品。不管人们是不是需要这件东西，在当下那个时间，人们对它们保持了高度关注，就算不买，他们也可能会在你的直播间，热烈讨论相关话题，提升直播间热度。

应季产品

应季产品即季节性产品，指的是在生产、收购和销售上有显著季节性特点的商品。如农副产品、夏凉商品、冬令商品等。

秋去冬来，随着季节的变化，消费者群体吃穿用的商品也在相应变化。作为带货主播，在出售商品时，也应按季节变化，随时调整带货商品品类、结构和时序，如春季卖青团、秋季卖大闸蟹、端午节卖粽子、中秋节卖月饼等。应季产品的带货，应在季前开始，主播应提前了解顾客的潜在需要，根据天气、气候、温度变化，来改变自己带货品类，否则将丧失实时销售的良机。同时，为了保证应季产品的正常供应，要督促合作方或生产企业，根据生产销售特点和消费者使用习惯，对季节性商品提前收购、提前生产、提前储备，做好商品上市前货源准备工作，确保对接市场，满足需求。

新品上架

10000杯0.01元的星巴克拿铁，10000件0.01元的电动牙刷、10000包0.01元的螺蛳粉……刘涛×聚划算百亿补贴"6·6"盛典中，一共推出了10万件价格低至0.01元的爆款商品，上架即售罄。刘涛还首次尝试卖奢侈品——一款原价16200元的Gucci Marmont经典斜挎包。在直播间，包包价格直接砍了近一万元，以6666元价格亮相。当然，依然是一上链接秒售罄。23时06分，直播间开始秒杀指导价116900元、现价6块6的长安新能源车，刘涛"上链接"话音刚落，6台秒杀车就被抢空。

由此可见，选品选择新品上架，也是直播带货不错的选择。一场成功的直播带货，背后离不开精心的选品策划，只有做好系统化的选品规划，让观众觉得有看点、有好处、有期待，才有可能通过爆款蹭热度，达到高成交量，为下一期直播成功引流。

社会关注度高

2020年4月27日晚,在央视频的快手直播间里,朱迅、李梓萌组成"央视Girls",并在线连麦4位快手达人,携手"老铁们"一起"为爱迅猛(迅萌)下单,共同助力(朱李)湖北"。3个小时的直播,27500包热干面、26000瓶乳酸菌、16000袋卤海带、15000份鸭脖、12000份小龙虾、5000份咸蛋黄饼干被秒光,"央视Girls"共带动8012万元湖北特色商品销售。同年4月12日,央视新闻主持人欧阳夏丹携手演员王祖蓝在快手直播带货,再次为湖北地区滞销农产品带货,整场直播总销售额6000余万元。由此可见,社会关注度高的产品,只要质量无虞,便销量无忧。

人无我有——博人眼球,避免同质化

只有聚焦新行业、新领域博人眼球、充分吸睛的商品,尽量避免与同行销售类似的款式,打造差异化、避免同质化的直播间,做到人无我有、人有我专,才能笑傲江湖,圈粉无数。

电动车。除了针对C端消费者的带货,不少企业采用直播的方式开新品发布会和招商会,让B端的经销商们买买买。2020年3月16日,雅迪电动车举行了一场春季新品线上直播发布会,短短4小时,共吸引了17万行业客户观看,订单数量达到137万台。据了解,2019年雅迪电动车全年的销量是609万台。

重型卡车。三一重卡董事长在3月20日的一场直播中,2小时卖出186辆重型卡车,销售额达5000万元。

房子。自从疫情以来，封城、封小区、封楼，房地产行业也受到一定波及。4月2日，薇娅首次把房子移到了直播间。在直播中，薇娅在所售现房中完成"走播"，并且介绍所售房产和房内相关家电、家具产品。4月3日凌晨，薇娅就引导销售了849单。

火箭。电商直播在2020年被赋予了某种魔力，拥有着能够颠覆一切的势能，不断突破人们的想象空间，火箭也已经登上了直播间。4月1日，薇娅在直播间说，我们要卖真的火箭，一共5架，都是能发射上太空的那种，还为粉丝们争取到了史上最大金额的优惠——原价4500万元的火箭，直降500万元！这事儿怎么看怎么魔幻对吧？上链接前，她自己都在直播间调侃说："火箭运载服务这么贵，肯定不会有人买，也没打算卖出去。"平常爱在直播间里大喊"大家赶紧购买，不然就没了"的薇娅，这次语气都非常犹豫："50万的定金，请谨慎下单。"就在薇娅还提醒大家"不打算买的，不要付定金"时，旁边的工作人员说："已经拍完了！"薇娅在淘宝直播间10秒内，便卖出去史上首单火箭，售价4000万元，买家为"长光卫星技术有限公司"。据了解，"带货女王"薇娅的淘宝直播间，火箭链接上架后，5分钟内有800多人拍下定金。最终长光卫星技术有限公司与快舟火箭联系，确定了购买意向。薇娅方面解释称，此次售卖的，其实是快舟一号甲运载火箭的运载服务，这也是武汉土生土长的超级大号"土特产"。当下正值武汉复工复产的关键时期，她希望通过这样一种方式，给复工复产的武汉送上最好的祝福，同时也希望通过直播的方式，去普及航空航天知识。

由此可见，人无我有的拳头产品在直播带货中成为爆款的潜力无限。

打造"爆品"需严格把关

爆品的字面意思就是能够引爆市场的口碑产品。爆品不仅会有持续的热销，还会受到消费者一直的追捧，可以创造更多更高利润的产品。因此，主播要严格把关带货商品，只有好品质的商品才会产生好的口碑，好的口碑才会带动销量的爆发。

厂家货源，需要亲自验证

不管是直播什么品类商品，货源都应是带货主播重点关注的，如果没有好的货源，那么带货之路将会走得非常艰难。虽然说市面上也有很多货源的通道，但是难免会存在货物积压的风险。主播在直播带货时也要擦亮眼睛，不要被一些不具备规模，甚至不合法的生产厂家欺骗。在带货之前，可以通过多方面来评估厂家的实力和真伪。

电话核实。任何一个厂家在发展客户时，一定会留下自己的联系电话，可以拨打114或电话黄页，对该厂家的电话进行查询、核实。正规的厂家，会非常重视每一位客户的来电，因此也会对销售电话进行详细登记。不过，即便登记的电话与厂家留下的电话相一致，也不要轻易相信厂家，可以安排直播团队不同人员，在不同的时间段，分别拨打几次，进行仔细验证，看厂家口径、基础资料是否一致，核实信息真伪。

营业证件核实。与厂家合作之前，主播有权利要求，查看厂家的营业执照和税务登记证，如果厂家以各种理由推三阻四、拒绝提供，主播就要对厂家的合法性存疑，保留观望态度。当然，这两种证件也存在作假的可能，网店可以通过拨打厂家当地市场监管部门、税务部门电话，通过政府主管部门进行了解核实，确认厂家已经进行了正式注册登记，只要是正规厂家，一定会在政府部门注册登记，相关纳税信息也能查询得到。

价格对比。正规的厂家都有完善的价格体系。在报价时，会出示一份报价清单，对每一款产品的价格进行展示，供客户参考。一般来讲，正规厂家讨价还价的余地并不大，因为公司对产品的价格把控非常严格，销售人员也没有太大的降价空间。在决定合作之前，主播不妨多留一个心眼，向厂家多次询问同一款产品的报价，其间也可以对多款产品的价格进行询问，看厂家的每次报价是否一致，也可对厂家报价进行分析，评估厂家是否有完善的价格体系。

规模评估。经过前面调查核实，初步达成合作意向前，如果合作产品数量较多、价值金额较大，主播的选品团队最好安排专人，到厂家所在地生产车间、库房亲自实地查看，评估其生产经营规模的大小和生产工艺优劣、生产技术高低。如果时间紧、任务重，也可以通过多方求证咨询、信息查找搜索，了解厂家的背景资料，如成立时间、年销售额、主要生产的商品品类、所属的集团公司背景等，对产品资质进行严格把控，看授权信息、商品生产信息、认证证书等是否合法有效。因为，生产量往往决定着一个厂家的专业程度，而销售额则证明着一个厂家的实力。

经过层层把关、亲自验证的厂家货源，主播才能有底气，放心大胆地向粉丝推荐。当然，质量验证和把控时刻不能放松，要贯穿于直播带货全过程，确保品质始终如一、经得起时间检验、让粉丝长久认可。

亲自测评，挑选同类最佳

在选品时不要迷信知名品牌，需要投入大量精力和时间经营，更多地结合产品本身的过硬质量、现场亲测效果和口碑试用反馈，挑选同类最佳商品，推荐给粉丝。

亲自试用。直播带货对于粉丝来说，最大的优势就是真实。在现场直播中，不管是商品试用还是与粉丝互动，主播的一举一动都是实时呈现，所以对于观众来说，是最真实的。薇娅卖的每一款化妆品，都要亲自使用；李佳琦卖的每一支口红，都上嘴亲测。不是"亲测好用"的，决不上架。不管推荐的是居家用品，还是美妆用品，抑或是甜点美食，我们在直播带货的时候，主播都要亲自试用、试吃、体验产品，这样不仅可以营造一种真实的感觉，而且可以使主播掌握产品的第一手资料，第一时间和粉丝分享试用体验，传递有用信息，供粉丝选择参考。

专业测评。首先，绝大多数粉丝在内心深处，都希望专家来引导和帮助自己进行决策，消费决策也不例外。因此专业度较高的人，天然容易获得信赖，因此需要主播进行专业测评。其次，在直播带货过程中，主播要对网友提问做出专业及时反馈。比如：这款化妆品含有什么美白祛斑成分？这衣服颜色款式是否适合我？所以，主播要坚持每天不停地学习各种产品知识，才能做到资深测评。如果你带货衣服，在对衣服试穿测评时，要对衣服面料、产地、款式、特点了如指掌；带货美妆产品，就要对化妆品成分含量、肤质特点、使用效果全盘掌握。我们要通过透彻了解和专业测评，对产品进行专业诠释，对粉丝问题进行专业解答。

分享体验。网络购物只能看，不能摸、不能试，体验性比较差。而直播购物可以通过主播对商品的形象化描述，一定程度上解决这个问题。主播在专业测评后，要注意实时互动，向粉丝传递体验信息。在用心体验过产品后，主播要用形象的比喻、假设，搭配表情和肢体动作，调动粉丝的眼睛、鼻子、耳朵、舌头等各个器官，通过身体和心里的直接感受，将试吃、试用之后的感受清晰、准确、客观、公正地传达出来，让粉丝犹如身临其境地体验你的产品，让用户感同身受。

性价比高。毕竟活动促销力度的大小，是主播直播带货效果的最重要因素之一。不管是哪个直播带货平台，在满足同等功能需求的前提下，高性价比、低客单价的产品都会在直播带货中更占优势。例如，薇娅的直播带货产品，永远都会给粉丝"全网最低价"的福利。高性价比一方面最大限度地保证了粉丝的权益，另一方面也让粉丝对主播产生了极高的信任，回头率高。因此主播直播时,要选择功能满足需求、性价比同类最佳商品带货,那么你的直播间人气肯定不会差,随之增长的就是粉丝和黏性。

播后复盘,优化选品不足

直播后复盘主要包括数据分析,粉丝转化率和用户活跃度对比分析,在直播结束后认真总结并且做好笔记,在下一次直播的时候及时提高或者改正。类似于学习时的错题总结,可以帮助改进不足,完善直播方式和内容,我们要积累每一场直播中成功和失败的经验,让接下来的每一场直播更完善、更优质,这样才有助于直播间的进步和主播的长远发展。

我们就以罗永浩的两次直播为例,做一个非常简单的复盘。4月1日,他在抖音做了第一场直播,3小时17分钟,流水1.69亿元。第一次直播就有这样的数据,优势在于:抖音签约罗永浩之后,对他的第 次直播进行了全方位宣传。再有罗永浩"个人IP"热度加持,引发了全网对他的直播首秀的期待,为直播间带来了非常高的人气。直播产品种类多,且有相当大一部分粉丝对罗永浩"个人IP"有着足够的信任度,购买率高。但也有很多不足之处,例如:罗永浩直播没有热情,带货让人觉得无聊;品牌展示时间忽长忽短,没有条理,让观众莫名其妙;产品介绍混乱,甚至讲错品牌名称;过于佛系,不善于和粉丝互动,直播间人气持续降低。

当然,很多业内人士对他的直播首秀,做过更多更专业的复盘，将其优劣势进行了非常详细的分析。而从这些复盘分析中，我们也知道，做直播带货，主播一定要专业，要热情互动，要会调动直播间气氛，营造抢购的氛围，提升转化率。

而罗永浩团队，本身也对第一场直播做了复盘分析，在4月10日的直播中没有出现相同的问题，例如，没有再以PPT的形式展示产品，而是以屏幕悬窗的形式，展现在直播屏幕上方，包括价格、折扣、产品特点等。互动性也大大增强，会对粉丝的打赏表示感谢，还会引导观众进行关注。产品介绍、上架等流程也已经比较规范。团队选品问题，也有所改善，在售卖生鲜产品时，老罗在产品上架的同时，对消费者可能产生的问题，做出一些预判和提醒。短短10天，老罗和他的团队，已经展示了在直播带货领域，要不断学习和自我超越。所以，这就是直播复盘的作用。

因此，主播在直播结束后，不要觉得大功告成了，只想喘口气、休息下，什么都不管不顾。淘宝第一主播薇娅，就会在每一次直播后，进行记录和反思，做完这些才休息。除了要对直播人气、直播效果等进行分析之外，我们也一定要对直播带货产品进行分析，改进产品不足。例如：哪一款产品卖得不好？是产品质量问题，还是直播时间段设置问题？退货率高的产品有什么特点？市场反馈怎么样？如何做好产品售后？等等。

所以没有什么事情是一蹴而就，或者说不努力就可以成功的。如果有，那也是在梦里，做好直播带货就要从基础做起，才能走得更长远。

无谋即不达——直播带货之"策划运营"

直播带货的策划运营,主体并不应是单单围绕商品销售一个维度展开,而应该是围绕人、内容、商品的营销设计。不同的直播模块,在直播的内容运营上,都有不同的运营策略以及内容定位。任何一种形式的运营,都需要在运营初期完成定位与规划,并在执行过程中,根据结果反馈进行调整优化。

一场直播通常在一个小时以上，如果主播不提前策划好流程，就很容易在直播中慌了阵脚，导致用户观看体验感下降。直播流程方案是在直播前就策划好的，可以帮助主播梳理流程，合理分配各个环节的时间和内容，是主播团队需要掌握的一项技能，直播带货没有规划好，效果必将大打折扣。

直播人员

直播人员即参与直播的工作人员，既包括"台前"的主播和主播助理，也包括"幕后"的直播项目负责人和运营人员。正是他们的通力协作，为粉丝们奉献出场场精彩的直播。

直播项目负责人

在直播策划前，需要明确直播项目负责人，以周为维度制订直播计划，对直播范围内的所有事项负责。直播项目负责人是直播项目的总负责人，是直播项目策划运营工作的组织者和指挥者，对本直播项目策划、准备、预热、宣传、直播、复盘工作的全过程实施管理；负责直播项目策划过程中重大技术问题的协调和决策，编制计划方案和进行重大管理决策，并对最终的直播效果负责。从策划运营、团队建立、资金把控、进度管理到直播进行、宣传营销，包括设计直播脚本、制定直播目标、直播选品、申请商品折扣、直播宣传预热、直播数据监测与总结等，直播项目负责人的身影贯穿了整个直播过程各环节，是策划运营的核心。

直播项目负责人，类似于电影制片人的角色，制片人在剧组中拥有最高决策权，也对影片效果的呈现负最终责任，是整个电影的主宰。一个优秀制片人，在影片制作中起决定性作用，是整部影片的筹建负责人，负责拉赞助、找投资，成立剧组，决定用哪个导演、选哪些演员等，负责剧组的日常生活与维持剧组的拍摄活动，以及成片之后的宣传与播放等一系列事务，在剧本把控、质量监督、项目管理等关键环节，具有绝对权威性和话语权。直播项目负责人的角色定位和电影制片人相同，一举一动都可能影响到整个直播策划运营的品质。

主播

一场直播，最先让观众看到的是谁？是主播，而主播形象的好坏，直接影响着观众是否愿意进入直播间。一场直播配备两个主播，一男一女搭配或两个女主播，两个人互相聊天交流，有人接话可以防止冷场，会比一个人更轻松自然，有突发事件有人可以协助处理。主播要求是会聊天、形象好、气质佳,在镜头前展现自然、大方得体、不扭捏、不怯场,要懂产品、具有专业性,要有影响力、善于带节奏,能调动直播间氛围,促进用户下单成交。

在直播界,颜值高的主播拥有先天优势,在直播相同类型的内容时,会更吸引观众。但如果颜值一般,也不要紧,得体的穿着、大气的感觉、积极的状态,也能帮助主播成为一个让观众喜欢的人。主播应该根据直播的内容、直播的场景、观众的特点和自身的特点等因素,挑选合适的服装。服装要干净、得体,符合观众的心理预期。货品是接地气的商品时,最好不要佩戴高级手表或首饰,打扮得珠光宝气,有时对直播会起到相反效果。

主播要口齿清楚,说话带感。主播说话要流利顺畅,需要提前熟悉商品的属性特点。向粉丝介绍商品时,不要说方言,要用普通话,并且吐字和发音要准确,这样别人听得清楚,就不会问第二次。在介绍一个商品时,要把长句改成短句,说话时注意停顿和连接,用短句含义就容易表达清楚,听众容易记忆要点。在不同的时间段,要注意语速。在介绍捡漏的商品时,要大声吆喝,就像是街边叫卖一样,让人感觉抢到就是赚到;在介绍高端商品时,声音要浑厚,最好搭配标准的普通话,就像中央电视台主持人那样,让人觉得这是一个高端的直播间,购买商品有物超所值的感觉。

主播还要会控制节奏,做好直播间气氛把控。当一些货品放在主播面前时，主播需要对货品进行合理的安排，对商品进行主次分明、有节奏的直播讲解，及时关注直播间在线客户，以及讨论氛围。气氛活跃时，要讲解带货商品优势、展示主播风格魅力；气氛低落时，先发放福利做互动游戏，带动直播间气氛，再进行售卖，这样可以营造宽松舒适的氛围，提高粉丝黏性，增加吸粉能力，提高产品覆盖面和转化率。

主播助理

实际上，"主播助理"是一个统称，具体细分很多种，有辅助直播、后台运营，有选品、控场，还有挂购物车等，各有职责和分工。但总体来说，主播助理主要负责的是提前对灯光、镜头等直播设备进行检查调试；直播过程中协助主播与粉丝进行互动，解答粉丝疑问；充当管理员角色，做一些配合营销的工作，如教粉丝如何领取优惠券、如何下单、如何关注；打消消费者下单疑虑、增加复购率；等等。

在带货主播的直播间里，助理和主播一样，是不可或缺的存在。没有助理，主播难以兼顾直播与产品介绍、互动等工作。比如李佳琦的助理，经常在直播间出镜，在主播短暂离开期间，可以代替其展示产品。而且已经积累了自己的观众群和粉丝的这类助理，在直播间几乎相当于半个主播的存在。作为直播助理，他们的工作必须要从开播前开始，为直播的顺利进行做充分准备。

一场带货直播开始之前，助理需要充分了解本次直播的所有产品，并与主播一起制定直播策略，比如发放优惠券的方式和时间点，确定直播的整个流程及节奏的把控，负责产品确认对接，货物样品和直播脚本整理等。直播期间，助理需要跟着主播的节奏，及时更新产品链接或者发放优惠券，同时帮助主播做产品的信息补充、活动推送，为观众演示领券或下单方式，积极参与粉丝活动，协助推广产品并引导粉丝下单，做好直播过程中粉丝反馈问题的记录等。直播结束后，要帮助收拾现场，配合主播做好本次直播的总结和复盘，参与团队视频讨论、直播创意并提出可行性建议，并为下一场直播做准备，甚至还需要处理订单后续、运营粉丝群、回答提问、内容维护等。特别是直播时，主播助理要根据需要参与互动和氛围准备。在互动的前期，因为直播间冷清，所以参与的人较少，尤其新直播间更为明显，这时需要主播助理带头参与，粉丝也会慢慢地进入。如果直播间气氛好，参与的人较多，这时直播助理就可以帮助主播进行场控，协助互动游戏顺利开展。

总之，一个好的主播助理必不可少，助理与主播的每一次配合，都需要拿捏合适的尺度，以起到辅助直播的作用，关键时候还要帮助主播调动直播间氛围。这种恰到好处的配合，并不是天生存在或是短期速成的，而是需要经过长时间的团队磨合。所以说，助理于带货主播而言非常重要。

运营人员

运营人员是直播顺利进行的基石和保障。运营人员主要负责设计直播脚本、制定直播目标、确定选品、申请商品折扣、直播宣传预热、观测和记录现场互动、直播数据监测与总结等。那么作为运营人员，需要具备哪些方面的能力呢？

需要有较强的策划能力。说到策划，很多人可能会说，不就是做九块九秒杀、抽奖这些事情吗？实际上并非这么简单。策划能力，重点在于一个直播间切割化运营，比如一场直播预计3个小时，可以切割为三块，第一个小时怎么安排，第二个小时怎么安排，第三个小时怎么安排。最好是细分到直播开场前30分钟怎么安排，需要运营人员对热场活动进行策划安排：主播告知粉丝我是什么类型主播，每天会在某某时间段给大家分享知识和产品，让看回放的粉丝知道主播的动态和内容，今天又有什么新鲜事和粉丝分享。开场白后，可以策划进行一次互动游戏，将场子热起来。然后后半个小时，等粉丝慢慢进入直播间，人气聚拢起来以后，就要进入直播重点，由主播负责，和铁粉互动聊聊今天哪款产品最值得买，对重要的带货产品一一进行详细讲解。中段时间，经过一段时间的购买，粉丝显露疲态的时候，再策划进行一次互动游戏，将气氛再次提升。尾端快结束前，除了卖货以外，策划进行游戏互动，感谢粉丝给力支持，为第二天的开播做预告。

需要有强大的后台数据分析能力。运营人员要不断了解在线人数和直播数据，比如在线人数多的时候，主播讲的什么内容，用什么方式吸引了粉丝，粉丝进来的渠道是哪个，粉丝互动的内容有哪些，然后再看哪个时间段在线人数最低，是不是因为主播讲的内容太多忘记互动，或者是不是主播离场，或者是不是主播一心和铁粉聊天，忽略了新加入粉丝的感受等，做好记录，下播后再和主播沟通交流，通过复盘，推动直播活动质量改善和效果提升，争取下次直播做得更好。

此外，运营人员还要有转粉能力。主播辛辛苦苦留住的粉丝，是不是要用什么方式让粉丝先关注下？用什么方式让粉丝第一时间进群？用什么方式让粉丝主动和主播互动点赞？粉丝进群之后，如何通过点赞抽奖的方式，将粉丝导入运营微信上？如何让粉丝分享直播间？这些都是考验运营人员吸粉、转粉能力的地方。一切营销都离不开活动，想要和粉丝之间建立长期关系，那么就需要和他们产生互动，而举办各种活动来提高粉丝黏性是最直接、有效的办法。在什么环节设置什么类型活动、准备什么样的奖品福利，才能吸引眼球、调动积极性，让粉丝情绪高涨、积极参与，考验的都是运营人员的智慧。

直播场地

带货直播间场地，最基础的要求标准是光线要明亮、环境要整洁、设备要稳定、图像要清晰。因为只有给观众一个良好的观感体验，才能达到更高的转化效果，才可以让粉丝云集、人气暴涨。

合适的场景

首先说一下现在常见的 4 种直播形式，分别是卖货型、场景型、教学型、供应链型。

卖货型直播间，是目前淘宝最多的直播间，李佳琦和薇娅都属于卖货型直播间，比较适合工厂秒杀、服饰鞋包、美妆护肤等品类，只要是消费品，就是卖货型直播，侧重点是产品知识和促销活动，考核的是销售额。

场景型直播，比较适合厨具、家居、百货、运动健身等产品，直播时会更偏向于在场景里展示产品如何使用，这些品类的产品可能功能单一，但是放在特定场景里，就会显得很有用，考核的是在线时长。

教学型直播，如果要带货钢琴、吉他，选择的一定是教学型直播形式，比如在直播间里教你弹琴，考核的是关注量，因为希望顾客一直来看，学着学着就需要升级自己的琴，增强购买冲动和欲望，考核的是销售额。

供应链型直播，比较适合水果、水产、珍珠等品类，就是直接在货源的源头完成直播，侧重点是场地和制造工艺，比如直播水果时是在很大的果园里，而直播珍珠时可能就是直接在开蚌，考核的也是销售额。

通过上述几种直播形式，我们总结合适的直播场景：首先说场景大小和高度，场景大小主要看带货品类，一般来说直播间 10~40 平方米就足够了，除非是家具，那就需要有一个超大的场地，如果是能够放在桌上卖的小商品，估计 10 平方米就够了，如果是带服装类的商品，可能需要 20~30 平方米。层高尽量控制在 2.3~2.5 米，层高过高、直播间过大会导致环境光发散，麦克风不易收音。再来说下场景氛围，要匹配商品的场景，增加云逛街的代入感，背景干净、景深感强，让用户专注于主播，且看久了不烦躁难受。直播间无嘈杂音、空间舒适，不能过于拥挤和逼仄。下面，介绍一下扮靓场景小贴士：

保持环境整洁、干净、清爽。一个温馨、明亮的直播环境，会让主播及观众心情舒畅，所以在直播前，要对灯光、背景、家具等进行精心合理布置。

点缀麦克风。麦克风在直播中出镜率特别高，应让这个单调的设备变得灵动起来。比如，可以用个性化的布偶或花朵装饰麦克风。

女主播可以在直播间里放一些可爱的小饰品，增加亲和力。对于女主播来说，可以在直播间摄像头能拍到的地方，放一些诸如仙女棒、公仔、娃娃之类的小饰品。在直播过程中女主播顺手拿起，既能增加趣味性，又能提高亲和力。千万别小瞧这些小饰品的布置，虽然是小投入，但能获得大回报。

不要让背景太复杂或太单调。对于直播背景，布置的原则是不要太复杂或太单调。比如，你要以一面墙壁为背景，那就在墙壁上贴一些装饰性的东西，背景太复杂让人精力分散，太单调容易让人觉得空洞，都不合适。

主播穿衣有讲究。主播在直播间的着装，有以下三个禁忌：

忌穿大红色的衣服、忌穿臃肿的睡衣、忌穿带条纹的衣服。要尽可能穿个性的服装，造型风格要符合个人气质和直播内容，服装价格并不重要，品位才是关键。

灯光

一个好的直播间，除了适当的装饰和合理的布局外，灯光也非常重要。好的布光，会让主播的皮肤看上去白皙透亮，而糟糕的布光，则会让主播的皮肤看上去黯然失色。直播间灯光的调适，并不像我们想象的那般复杂难学，只要掌握以下几个小技巧，新手主播也可以进行好的布光。

直播间布光首选软光。硬光，是指强烈的直射光，在硬光的照射下，被摄物体阴影轮廓鲜明；软光，是指照射在被摄物体上，不产生明显阴影的光。硬光方向性明显，它能使被摄物产生鲜明的明暗对比，有助于质感的表现，往往给人刚毅、富有生气的感觉。软光则没有明显的方向性，适于反映物体的形态和色彩，但不善于表现物体的质感，软光往往给人轻柔细腻之感。因此，在日常直播的时候，软光更合适。

主灯选择冷光源的 LED 灯。对于直播间的主灯，建议选择冷光源的 LED 灯。20 平方米左右的房间，配 60~80 瓦的主光源就够用，有条件的话建议选择灯带，其营造的主灯光线效果更佳。

前置的补光灯和辅灯，选择可调节光源的灯。灯泡功率可以稍大一些，这样直播过程中，主播可以自主调节光源强度，将灯光效果调整到自己最满意的状态。一般在用软光的时候，通常会用到反光板。直播中补光灯也是必需的，补光灯要反向照射到正对着主播的墙，造成一定程度上的漫反射效果，尤其是在前面补光的光源，使用反光板会达到意想不到的效果。

直播间布光的效果及布置方位。最基础的布光中有冷暖两种选择，暖光会让主播看上去更加贴近自然，暖暖的感觉也会让人觉得更加舒服。如果你的直播风格温暖、自然，直播内容不需要让观众看得非常清晰，可以选择暖光。暖光的布置要求主灯为冷光，辅灯为暖光，两组补光为暖光。冷光会让主播的肤色看上去更加白皙透亮，前面补光稍微增加一点暖色，可使肤白的同时增加一点红晕。如果你的直播风格偏正式、严肃，直播内容是专业的、技术性的，可以选择冷光。冷光的布置要求主灯为冷光，辅灯为冷光，两组补光为冷暖结合偏冷光。

最后，需要提醒主播的是：脸部不要离显示器太近，把显示器的亮度调低，因为它会发出蓝色的荧光，这也是很多主播看起来别扭的原因。

收音

如果前期打算试试水，不准备投入大成本的话，可以用手机端进行收音直播。像家居产品、农副产品，由于直播的时候需要走来走去，就要配备一个手持稳定器，这样才能让粉丝的观看体验更好，光线不足就加一个手机补光灯。手机直播除了硬件设备以外，还有一个要注意的就是手机的网络信号问题，网络信号一定要稳定，防止画面卡顿。网络以 100M 以上的有线网络为佳，还要下载直播软件，可以调节直播间的画面、清晰程度等。此外还要配备电脑和摄像头等设备。电脑配置建议处理器i5及以上、独立显卡、固态硬盘。直播里用得最多的摄像头品牌是罗技，不同型号价格不一样。

如果想投入血本打造高端直播间，就需要准备好的收音设备——麦克风和耳机，麦克风是产生悦耳好声音的利器，耳机不仅要时尚，还要有趣。

高颜值的主播，配以悦耳的声音，会让观众驻足围观，所以麦克风要配备到位，才能完美传递主播心声。麦克风是全系列、多档次路线的产品，价格从几十元到上万元不等，可以根据自己的实际需要进行选择。目前，主播们常用的麦克风，主要有电容式和动圈式两种。

电容式麦克风。灵敏度高、声音细腻、音质饱满，是大多数主播首选的麦克风类型。电容式麦克风的咪头有驻极体式和膜式两种，驻极体式咪头价格低廉，大多数头戴式耳机和廉价电容麦使用的都是这种咪头，输出电频高，可以直接连接到板载声卡上靠主板供电，但是音质较差；膜式咪头在动态范围和灵敏度方面，都强于驻极体式咪头，市场上那些售价很高的麦克风，大都是自噪声更小、灵敏度更高的大膜片电容式麦克风。

动圈式麦克风。它的音质特点是比较光滑、圆润，有自然美化的过程，并且它还具有单一指向性的特点，外界的噪声不容易进入，不需要电源供电，所以户外主播比较喜欢使用这种麦克风。它的缺点是音量小、人声闷，清晰度和灵敏度不够好。

对于室内带货主播来说，因为要与麦克风保持很近的距离，所以动圈式麦克风使用起来，不如电容式麦克风方便。现在很多娱乐主播不仅配有麦克风，还配置了非常专业的悬臂支架、防震架和防喷网等设备，这些附加设备对主播所起到的专业烘托作用，可能更胜于它们在声音传送过程中所发挥的作用。

主播为了营造更好的直播效果，不仅要收听直播中的声音和背景音乐，还需要通过语音软件，与其他主播交流或协调粉丝一起互动，因此耳机也是必备的直播工具。尽管长时间佩戴耳机会给身体带来不适，但因为音箱容易产生回音，会影响直播效果，所以在没有更好的替代产品之前，耳机仍是不二之选。对于耳机的选择，没有什么原则性的标准和方法，不管是女主播还是男主播，在配备耳机时要尽量选择时尚、有趣、清晰的耳机，既满足需求，又吸引粉丝，实现一举两得。

直播宣传和预热

无论你是头部主播，还是刚入局的新主播，直播间人气高不高，80%都要看你的直播推广做得到不到位。直播间就像一个大商场一样，目的就是通过包装宣传和预热升温，来不断吸引更多的新客户。

直播宣传海报

很多小伙伴说：为什么罗永浩这些人首场直播，就能有几十万、几百万人观看，我做直播几个小时，连一百个人都没有？除了本身知名度、关注程度高以外，这些大咖直播前都会大力做宣传预热，直播间受关注的程度自然会高。不管是哪一种直播预热方式，都需要有吸引力的宣传海报，让用户第一眼就对你的直播产生兴趣，从而进入你的直播间。

直奔主题

向大家展示直播的主题，是直播宣传海报预热中最关键的内容，然后还有直播的时间、平台和主要内容。这些内容一定要放在海报最显眼的地方，让用户一眼就能看到，方便用户进入，在直播前准确了解直播的相关信息。

我们在设计宣传海报时，一定要将直播策划的亮点展现出来，如果是直播带货，那么产品的卖点、优惠活动都可以作为亮点，如果是才艺直播，就可以突出主播的才艺和精彩的表演节目，一定要有一个亮点能够抓住用户的眼球。只有将我们的直播间进行包装，直播植入类似于电视剧中的广告，日常发布视频时无缝植入直播预告，让用户在不知不觉中，就记住了你的直播间。

对于陌生观众来说，如果你的直播预热中，没有强大的诱惑力，很难让他们进入直播间。所以，你可以在直播中放诱饵。而这个诱饵的诱惑性一定要大，例如直播间抽奖，奖品是某品牌包包、手机、护肤品等。有了这样的诱饵，你的直播预热视频不需要太长，15 秒内放出诱饵，勾起用户的好奇心，让他们定点进入直播间。例如薇娅在"5·21"直播前，发布的视频中就告诉观众，5.21 元就能买汽车，诱惑不可谓不大。

因此，想要让用户定点进入直播间，你的宣传预热一定要有吸引力，不管是留悬念还是给诱饵都可以，怎么有吸引力就怎么做。注意，最好在视频最后定格直播预告海报，直观地告诉用户你的开播时间和内容，以吸引到更多观众。

直播间二维码

二维码，最早发明于日本，它是用某种特定的几何图形，按一定规律在平面分布的黑白相间的图形记录数据符号信息，在代码编制上，巧妙地利用构成计算机内部逻辑基础的"0""1"比特流的概念，使用若干个与二进制相对应的几何形体，来表示文字数值信息，通过图像输入设备或光电扫描设备自动识读，以实现信息自动处理。它具有条码技术的一些共性：每种码制有其特定的字符集、每个字符占有一定的宽度、具有一定的校验功能等，同时还具有对不同行的信息自动识别功能及处理图形旋转变化等特点。直播间二维码可以发挥方便查询、有效互动的作用，可以让用户通过手机终端，随时随地对直播信息如时间、地点、内容进行准确查询，消费者可以及时核对直播信息，并与直播间沟通互动。直播运营人员可以通过直播间二维码，对来访用户数量、行为等进行准确统计，并可实时获取反馈信息等。

因此，利用好直播间二维码十分重要。开播时，主播要将直播间二维码分享给粉丝和好友，并鼓励他们进行二次转发，为直播间吸引更多人气。同时，可以开启同城定位，吸引更多同城粉丝进入直播间。或者利用好看的直播封面和有吸引力的标题，吸引更多人进入直播间。从直播预热的每一个细节进行优化，才能为直播间积累人气。

多渠道曝光引流

有了铺天盖地的强大声势，才能达到顶天立地的预热效果。好的宣传预热，能起到画龙点睛的效果，戳中用户的痛点，引起用户的好奇心。所以，我们要广渠道、大口径、全覆盖地宣传预热，提升感染力和吸引力，增加点击量和关注度，通过多渠道曝光引流，吸引更多用户进入直播间。

互联网媒体

直播预热渠道的选择很重要，最合适的渠道，可以提供最好的曝光效果，因此要充分发挥互联网媒体主力军作用。一方面，充分利用内部自有平台 APP、官方网站等进行站内预热。在醒目的位置，放上提前制作好的活动图册进行宣传；在专题处或者网页的其他地方，放上活动相关链接。另一方面在直播前对主播个人进行宣传预热，将主播的昵称和个人资料等信息实时更新，可以用文案的形式，提醒用户具体的直播时间，如"每周三、四、五直播间定时宠粉！"通过简洁的文案，告诉观众你的开播时间，粉丝才能定点进入直播间。

除了站内个人简介之外，我们还可以利用第三方平台，例如微博、微信、小红书、今日头条、B站、快手、抖音等站外平台，为自己的直播间进行预热宣传。李佳琦、薇娅等头部主播，经常会在微博进行直播预热宣传，告诉粉丝直播时间。如薇娅在微博发布的直播预热重点："宋威龙要来直播间玩。"用明星卖点，吸引观众进入直播间。其中，微信公众号、官方微博的传播时效性强，全面覆盖已有的粉丝，操作简单快速，是预热曝光渠道的不二之选。微信公众号主要以图文推送的形式展现，把活动预热内容制作成海报、文案，整合成文群发；微博推广形式则主要以海报、短文案、通知文字为主。

导购朋友圈

一个粉丝导购群虽然最多也就几百人的规模，但是，里面的群员都是自己的种子用户，是精准的目标受众，有着较高的忠诚度和活跃度，更容易对直播活动产生信任和兴趣，并帮助做二次的转发分享。而微信朋友圈可以帮助提高曝光率，传递直播活动开展的信息，起到广而告知、迅速扩散的作用。因为做直播带货最基本的要素是参与者，获得这一要素的前提，是要让尽可能多的潜在目标受众对活动感兴趣，产生参与的欲望，而让受众对活动有所思考，得先知道有这个活动的存在，这必不可缺。不单单是告知，微信朋友圈转发过程中，还可以加上各种有噱头的元素，勾起受众对活动的兴趣，增加参与的热情，甚至是利用受众的认同、炫耀等心理，做二次分享传播，带来爆炸性的曝光，传达活动直接的利益点，让爆点被提前挖掘，自觉成为传播的话题，充分吊足受众胃口，也成为微信朋友圈争相热议的焦点。

重点客户一对一私信沟通

对于重点客户，可以通过电话、微信等方式，进行一对一私信沟通，要和重点客户做更加亲密的知心朋友，同时注意私聊沟通要有针对性，能提供给对方有价值的干货。

私聊前要做足准备。在我们准备与用户私聊的时候，可以看看用户的具体画像，参考我们之前讨论的话题，对用户的信息和备注，有一个初步了解。可以再次阅览对方的微信朋友圈，了解其近期的生活、工作状态和兴趣爱好等全面信息。

私聊中输出专业价值。在私聊中，要显示出自己的专业性，学会换位思考，考虑对方感受，输出专业价值。比如推荐服饰，就要结合潮流趋势、材料质地和品牌故事等背景资料，重点为客户详细讲解，让客户留下放心、安全、舒服、专业等正面感觉，客户就会对你产生信任，就会积极主动下单，也就有下一次继续交流的欲望。

私聊后做好长线沟通。要对每一个重点客户的身高、体重、兴趣爱好、喜欢款式、质地、版型等进行备注，给客户贴上个性化标签，以后再有类似的直播活动，可以电话提前通知或者微信艾特用户，以便于长期维护，省时省心又省力。对于重点客户，还要坚持定期"慰问"，过年过节发送祝福微信，如果时间充足，经常关注点评他的微信朋友圈，更能快速拉近关系。

线下门店活动宣传

实体店铺进行线下活动策划，先要进行活动预热，一般是提前半个月或一个月，以广告宣传单的方式，把要推出的新品和活动介绍出去，或者是通过电梯广告、户外广告、公交车站广告、地铁站广告、商场广告以及户外电子屏、内部大字幅挂条、地下停车场屏幕、商场购物车贴、地推（传单、背包旗、表演队、开业商演）等多种方式，去提醒消费者这次活动的时间、内容、目的等相关信息，让消费者之间进行二次传播，激发消费者的兴趣，提高活动的参与率。活动当天，给用户提供体验产品的机会，促进用户线上转发分享，推动信息传播，营造活动热度。通过放置门店宣传资料以及发放优惠券、抵用券方式，进行活动宣传和招徕客户。需要注意的是，活动当天客源量增多，很多原材料和物件都要提前准备好，避免出现产品售完、物料不足的情况而使实体店铺的线下活动策划达不到预期效果。

宣传策略

直播宣传策略是指利用一定的手段，向公众宣传带货产品和生产商家，以扩大影响，树立良好形象，促进购买行为。在宣传活动中，正确地运用各种策略方法，是克敌制胜、取得最佳效果的手段和方法。

优惠券策略

优惠券的本质是商家利用价格差，通过折扣、满减、抵扣的方式，给用户提供相应的优惠。我们在直播带货前，会提前发放一批优惠券，到微信群或重点客户群，吸引粉丝提前关注直播间。那为什么不直接给予用户优惠，而一定要通过发放优惠券的方式，来刺激用户完成购买行为呢？发放优惠券，重点就在领取的动作与下单抵扣的动作，能让用户有种占到便宜的心理。同时，相对于直接降价，通过优惠券去产生下单抵扣、减免等优惠，能够提升用户对于价格的感知。最后，利用优惠券，可以利用用户的社交关系链产生分享行为，有效实现品牌曝光，因此直播带货可以使用优惠券的形式，来刺激用户的付费转化。

根据不同的直播场景、目标人群、消费情况以及最终目的，采取不同的优惠券发放策略：针对潜在客户，刺激产生首次购买行为。吸纳新用户，优惠券主要是通过价格优惠，触达具有潜在消费意愿的新用户，在预算范围内，发放高于老用户的优惠券。作为诱饵，除了价格上的利益刺激以外，在优惠券的内容上突出新用户的特权优惠，通过多种品类优惠券打包的方式，让新用户真实感受到价格利益。在设定有效期时，根据不同的活动规模和种类，设定对应的时间，一般直播带货促销类的商品，优惠券的设定最长不要超过一个星期。同时由于新用户对直播平台、产品的了解甚少，可以通过 APP 推送、营销短信等方式，及时告知用户优惠信息，在优惠券领取过期前，可以再进行一次推送告知，提醒用户及时使用，防止优惠券过期。

针对使用过的老用户，提升消费频次。针对近 30 天消费频次在 1~2 次的用户，采取的策略，主要是在用户每完成一次消费后,发放一张可在7天内使用、能抵扣一定金额的优惠券。在金额的设定上,选择一个用券转化率能达到一个优值的区间,作为优惠券的补贴金额。还可以选取直播周期内销售额较低的一个时间段发券。如星期三直播某个品类的商品,产生的销售额较低,针对这样的情况,可以在每周三的时候发放这个商品的满减券或是折扣券,使用时间仅限星期三,这也是通过发券和策略配合,解决某个时间段销售额较低的一个方法。

通过策略进行优惠券发放的时候,需要避免不同的策略之间用户重合,这个时候需要重点关注用户的消费周期及下单流程,基于用户的生命周期、用户下单流程的行为路线进行拆解,让策略分散在用户的每个生命周期里,避免策略补贴之间的重叠。

会员积分策略

会员积分策略是通过用户特定的行为赚取平台积分,通过兑换方式来变现积分价值,从而实现提升用户忠诚度与用户价值的策略和办法。比如针对直播带货的重点客户,可邀请客户帮忙转发微信朋友圈,截图可送积分100分。为什么会员积分策略推广使用非常普遍?因为它具有明显优势:积分是最小额度的奖励单位。用户的忠诚行为需要引导和培养。比如让用户每天打开直播APP,是一件很重要的事情,但是没有企业愿意花高额的价钱,去引导用户每天打开APP。这时候积分就可以成为奖励用户登录的引导。每天签到送1积分,累计签到满90天,就可以兑换对应价值的小礼品。同时,积分也是最万能的运营工具。无论线上直播带货，还是线下实体销售，积分基本上适用于任何场景。消费后可以送积分，邀请好友可以送积分，可以用积分做轮盘抽奖，还可以用积分兑换彩票等。

在获取会员方面，可以采用入会奖励积分、老用户推荐新用户奖励积分、首次消费双倍积分策略；在保有会员方面，可以采用积分兑现服务策略，可用积分换券、置换礼品或服务等策略，实现会员满意度提升；在会员价值提升方面，积分兑换有效时间内的再消费金额、有效期内消费获得双倍积分策略，都是促进会员再消费的有效手段。因此，会员类型不同，积分策略的方向和定位也不同。对于直播带货的会员积分策略，通常采用积分返利方式来刺激用户下单，从而实现直接促进消费的目标。

直播脚本设计

直播脚本的设计，决定了直播间播出内容的质量。因为直播脚本就像一张计划表，可以提前规划好一场直播的每一步，把直播时间做一个合理统筹安排。一个详细的直播脚本设计，是做好一场直播带货的前提。

固定直播时间

在进行直播带货的时候，我们可以发现，有很多主播提前固定好了直播的时间，那么像这样固定直播的时间，真的有必要吗？固定直播时间会有什么好处呢？

有利于让观众形成习惯。现在的观众在看直播的时候，对于自己所喜欢的主播，都会特别注意其直播时间，一旦到了合适时间，会马上前来观看。而如果直播的时间固定，会有利于观众形成一个习惯，一到直播的时间，在习惯的作用之下，观众能够直接打开直播间，前来浏览观看，为主播带来更多的流量和活跃度。

方便获取流量。在直播的过程中，你的直播开播时间，也是平台给你的配流开始点。每天固定一个开播的时间，比如你每天 20:00 开播，那么就保持这样一个习惯，有利于淘宝等平台对你的配流，所能够获得的流量也会更多。

有利于直播间保持活跃度。每天开播时间固定，我们的观众可以知道直播时间，要是想要观看直播的话，在固定的时间点前来观看就可以，如此一来，有利于提高直播间的人气和活跃度。

如果你直播时间不固定，天天换时间，比如说今天是 12:00，明天安排在 18:00，因为时间并不固定，观众无法确定你的直播时间，导致粉丝每天来的时候都找不到你，也无法看到你的直播，这就很容易造成粉丝"移情别恋"，从而你的直播间获得流量和粉丝群的活跃度自然大幅降低，就会脱粉。

至于直播时长，平台没有明确规定，通常都是根据设定好的规划流程来走，但建议最低不要少于 3 个小时，因为基于实时热度计算，很多时候直播 1~2 个小时才有浮现提升，流量才会进来，如果直播时长过短，就会造成浮现提升没多久就下播的情况，那你的直播基本就没有流量，因此低于3个小时基本上等于没有直播。同时要注意分配好时间。

至于直播时间段的选定，考虑到19:30-24:00是头部主播云集的时间，新人主播建议在上午或者下午的某个时间段开播比较好，这个时段头部主播基本都在休息，可以错峰直播，防止和头部主播抢夺客户。这个时间段，观众们不知道该去谁的直播间，如果看到你的直播挺好看，也许从此就会成为你的粉丝。

综上，每天保证固定并稳定输出的直播时间，对于带货非常必要，并且播出时长也最好每次都相同，这对于直播效果会有很大影响，直播的时间不能随意进行变动。如果因特殊原因或紧急情况不得不调整，需要提前预告或及时通知，防止粉丝走散和铁粉离心。

打造主播人设

一个优秀的主播，一定有其独特的人格设定。人格设定来源于主播对自己人设的定义，体现为外貌特点、穿衣打扮的固有搭配，以及性格带给粉丝的感观印象。简单来说，通过人物设定可以让自身的定位更加鲜明立体，让粉丝通过一个关键词或者一句话就记住你！

让别人快速熟悉你，最好的方式就是给自己贴上独一无二的专属标签，标签是熟悉一个人最快捷的方式。换句话说，主播人设就是各种标签符号的排列组合,你需要寻找一些自身具备的、有传播度独特性并符合目标定位调性的标签。标签不是直接打出字幕来给观众说,而是通过直播带货过程中的视频内容呈现出来。这些标签要在所有视频中,尽可能都得到体现,用户才能对你形成一个稳定、深刻的印象。而假如主播未能塑造出一个区别于他人的形象,那用户就找不到能够忠实于你的点,你就跟其他路人没有区别,从而难以获得关注,更难以变现。因此,给本人贴标签定人设,才能更好地制造话题、获取流量。

建立一个专属自己的IP,你首先对本人要有一个清晰明确的定位:我是谁?我是干什么的?我有哪些个性?我凭什么让别人喜欢?而对于凭什么让人喜欢这个题眼,就是要发掘并找准本人身上所带有的、能吸引人并且具有一定辨识度的那一个或几个点。纵观各个领域的头部主播,好看的皮囊可以没有,但有趣的灵魂不可或缺。其人设很大程度上就取决于主播面对直播镜头时所展现出来的性格特征。外貌容颜会随着时间而改变,而性格脾气这些内化的东西很难改变。

人设不是凭空想象出来的,而是应当从自身出发,基于自身已有的东西去做精选。可以是外表,可以是性格,还可以是才艺特长,只要是稀缺的、排他的特点都可以。当主播挖掘到这个特点后,还需要不断深化、不断加强、不断重复,通过反复多次,给观众形成深刻印象,让他们一看到或者听到这个标签符号就想到你,只要你的身影、声音一在直播间出现,就能让粉丝情绪高涨。

　　人设的选择，还有一点就是不要说谎，但可以有选择性地说真话。就像找工作面试，你要做的是多展现你身上的亮点和闪光点，差的方面少涉及或避而不谈，而不是去伪造、添加一个原本不属于你自己的好的方面。任何人身上都有闪光点，主播越真诚，粉丝就会越信赖你。进行人物设定的同时，要深入了解粉丝群体，充分考虑到定位面向的主要受众人群。通过对目标群体的调研，把握其人群特点和人物画像，继而从其视角重新审阅人设的标签，去掉一些目标人群偏好较少甚至排斥的标签。这样可以在开始就使得人设对特定群体有充分的吸引力，从而减轻迭代压力。

　　一旦确立了人设，就要长久坚持、一以贯之，才能在粉丝心中树立起清楚的形象，不能胡乱跟风、轻易改变。通过持续、稳定地产出人设高度一致的内容，可以不断强化粉丝对 IP 的印象，继而形成牢固的粉丝关系。因此，直播带货的主播，要打造自己独一无二的个性化标签，个性化标签能够带动直播间人气，而直播间人气，决定了商品销售量。

讲一个好故事

　　写好一篇文章需要有大纲，演好一个人物需要有台词，带好一场直播需要有脚本。直播脚本，类似于活动策划方案，有了好的直播脚本，才能把每次直播活动的各个方面安排妥当，主播才能按照脚本，给粉丝们讲述美妙生动的故事。那么，一个好的直播脚本,都包含哪些要素呢?

第一个要素是直播主题。我们常讲直播就是一场促销活动,卖点就是商品的性价比。因此需要提前设置好主题,主题能够指导本场直播的方向,不至于跑偏。比如本场直播的主题是夏季特惠,定下来后就不会顺带推春季尾货。另外确定主题之前,我们可以根据上一场直播的数据,给本场直播的观看量、关注量、成交量等数据设置一个目标,这样有利于我们不断去优化每场直播的卖货效果,也能激励主播更加卖力地去演出,否则整场直播就缺少动力。直播的过程中,还需要注意紧扣主题去深入分享,比如夏季的服装搭配,可以推荐不同款式的搭配方案,或者根据互动找到观众的需求,进行现场搭配,其他跟主题不相关的话题都可以忽略,把直播的内容输出做垂直,这样设计的主题才有用,对于卖货也有帮助。每次直播需要精心打造直播主题,如本周是"服饰新品介绍",下周可以是"新旧混搭"等,这样常换常新,粉丝们才会有新鲜感,不会审美疲劳。

第二个要素是直播产品。要根据直播主题选择商品,每场直播选取5~10款商品,包含一款引流单品,2~3款折扣主推产品,重点讲解主推产品。在撰写脚本的时候,直播的产品肯定是分类去展示,什么主推款、流量款、利润款、活动款等,无论是什么款,最终目的都是要卖出去。为了卖出去,产品的脚本设计,就必须突出品牌包装、产品卖点、利益引导这三个部分,有品牌的产品总比没品牌的好卖,小品牌的产品更需要故事的包装。

品牌背后的故事、理念、价值观等都要描绘出来，剩下的产品卖点，除了突出核心卖点，还可以跟竞品进行比较，卖点不需要太多，没有一款产品能解决所有人的需求，关键是核心卖点要让人眼前一亮，比如这款产品性价比超高，剩下的功能材质之类，可以与市面竞品无太大区别。

第三个要素是直播流程。这是整个直播脚本设计的核心，涉及人员安排、直播时间、直播地点、产品介绍、优惠活动、直播预告等细节，可以按照流程进行设计，也可以按照时间节点进行设计。按照流程设计，首先确定直播的人员安排：主播和助理是谁，场控、运营谁负责，策划和商务拓展由哪个幕后人员担当；脚本谁来写，是运营来写，还是策划来写；等等。安排了人员之后，下一个是直播时间，几点开始，几点预热，几点介绍产品，几点搞优惠活动抽奖，几点预告，几点结束直播，每一个时间段该做什么事情，安排得明明白白，中间可以互相穿插，但开头和结尾都是固定的动作，比如预热和预告。

第四个要素是直播复盘。整个流程收尾阶段，我们把数据进行详细分析，对照前面设定的目标，观看直播回放节点，讨论存在的问题，分析改进的方法，与此同时也能够确定下一场直播的脚本怎样撰写。

以上就是按照流程去设计脚本，适合多种产品直播。按时间节点的脚本，适合单品直播，一场直播只为了推一个爆款单品，也适合个人直播，你只需要安排好一场3个小时的直播，从开头到结束，每个时间段做什么事情即可。

关注粉丝行为

走进一个直播间，主播一上来就热情地和老粉丝打招呼，对新用户表示感谢，对新关注的亲们表示诚挚的问候。你是不是觉得这个主播超有礼貌，身心都是愉悦的呢？因此，主播要积极与粉丝互动、关注粉丝行为。如何互动和关注呢？

表情动作丰富。直播间就是主播和观众沟通互动最重要的桥梁，主播们除了要善于调动现场气氛，还要尽可能地增加与粉丝间的交流，提高每个人的参与感。很多新手主播，在直播间容易表情动作僵硬，肢体语言不够丰富。除了多多微笑，新手主播也要有更多丰富的表情和动作，剪刀手、比心、眨眼都是常规的选择。即使是唱歌，也可以在演唱的过程中，增加一些灵动的小手势和表情，这会让粉丝觉得你唱歌投入，增添很多魅力。不要小看这些细节，这些细节不仅让粉丝感受到你作为主播的积极与热情，更容易使他们对你产生好感，从而有意愿互动和下单消费。

多表达感谢。当有粉丝送礼物给你时，无论数量、价值多少，都要一视同仁，向送礼物的粉丝表达尊重、表示感谢，能配上适当的赞美最好不过，比如：谢谢小哥哥的第二次送礼，你真大方。让粉丝感受到主播的诚意与热情，并有意愿继续互动。当没有人送礼物时，不要直接当面要礼物，但可以用一些词句，譬如："好久没有看到过某某的礼物了！""求上榜！"增加粉丝送礼物的积极性。

说话有自己的风格。和人聊天是一门艺术，同样一句话，不同的人，不同的境遇，不同的语气语调，说出来感觉都不一样。观众最开始看直播的时候，最直观的感受可能是这个人说话好有趣，这个人说话好有逻辑，这个人的思维方式、价值理念和我好契合……从而和主播产生共鸣。主播和粉丝聊天的时候，要有自己的想法，不盲目跟风，也不轻易下判断，但要包容粉丝不同的观点，尊重粉丝的爱好和习惯。在好好说话的基础上，树立个人标签，寻求个人风格差异化。这个就要琢磨自己的个性在哪里，是高冷属性、亲民属性、自黑属性、萌性二次元属性，还是逗乐无下限属性等。粉丝了解你的个性，就会在心里给主播分类。主播的沟通方式，对了观众的胃口，主播理解了观众的情感诉求，这样积累的粉丝，都是黏性大的粉丝，而不是泛泛而过的僵尸粉。

用饱满的情绪感染粉丝。观众来看直播，除了获取有用的信息之外，更多的是寻求一种情感共鸣和感官体验，直播激发的是其在网络世界的存在感和被认同感。主播正面向上的情绪，能给观众带来一个宣泄的出口。屏幕前的看客，或开心，或无聊，或兴奋，或抑郁，都会随着主播有感染力的情绪疏导，找到一个释放的出口。加上直播的实时互动性和弹幕文化，总能让粉丝在直播的某一个片段、某一个瞬间，找到似曾相识的感觉。这就是直播的魅力，直播可以理性地输出信息，更是一种感性的情感传递。

互动时记住并尊重粉丝习惯。主播需要与粉丝互动，陪粉丝聊天，并及时回复粉丝评论，或者设置直播间管理员，一对一回复消息，让粉丝觉得受到重视。粉丝在直播中发弹幕，最欣喜的莫过于主播看到了自己的弹幕并给予回应，那种存在感爆棚，那种瞬间被点名的喜悦感，就好像昭告全世界"是我，是我，他点我名了耶"。记住并照顾到粉丝的习惯，这些会让粉丝很感动。比如，这个小哥哥不吃葱和香菜，那个大哥很喜欢听张国荣的歌，这个美女喜欢吃火锅、小龙虾等。记住粉丝的一些小细节，尊重粉丝的好恶，粉丝会因被照顾到的感觉，而提升对主播的好感。虽然照顾到所有的粉丝并不现实，但是，在时间允许的情况下，尽可能地照顾到每位粉丝的行为习惯，会让粉丝在心里为你颁发"敬业卡"。也许这次的互动没顾得上，下次互动尽量照顾到，以交朋友的心态维持与每一个粉丝的关系，把粉丝作为长线的关系进行维护。

懂得管理自己的情绪。作为主播，受到外界的质疑和非议是很正常的事，也不乏素质低下的观众恶意诋毁中伤。主播除了具备专业的技能、好看的皮囊、有感染力的谈吐之外，还得有一颗强大的心脏，要有挥刀斩荆棘的气魄。主播要当情绪的主人，不能当情绪的俘虏，特别是面对成千上万不认识的人，要想表现得很好，需要有比较好的心理素质。主播都是在不断碰壁中总结经验，从而做到良好的自我保护。

多种玩法"带节奏"

带节奏，原指故意煽动群众跟风，是一种游戏术语。经验丰富的玩家，组织自己的队友做一些有意义的进攻或防守，打出井井有条、攻守得当的气势来，被称为"带起一波节奏"。用于直播领域，是指通过截屏抽奖、重复口播、点赞送礼物等方式，设置不同时间段的噱头，让观众印象深刻，拉长粉丝停留时长，持续炒热直播间氛围。

截屏抽奖。观看时长对于直播至关重要，因为观众有更多的停留才能有更多互动和商品点击、加购、转化的可能，而对于增加停留时长，在初期没有铁粉的情况下，最快的方式是通过利益引导，也就是抽奖、发红包。截屏抽奖，就是一种非常好的互动方式，通过截屏抽奖，可以提高用户的评论活跃度，以此激发观众提问，而且还可以提高直播浮现权。主播要通过口播、小喇叭公告、悬浮图贴片公告、小黑板等多种组合方式，提前说明抽奖规则和参与方式。到了抽奖时间，主播要提醒用户刷指定评论或弹幕，来活跃直播间气氛，弹幕要设置得有趣有目的，如关注主播不迷路等。主播觉得气氛起来后，发起后台抽奖界面，另外可在抽奖之前，提醒用户关注主播可增加中奖概率，这样就可以吸引用户一直在直播间或长时间关注主播。需要注意的是，切忌一场直播只抽一次，要有节奏安排，一次结束后，可选择公布中奖者，同时告知粉丝下一波是什么时候，例如没有中的不要走开，我们会在点赞到 6 万的时候再抽，这种方式可以大大提高转粉率并延长直播时长，有更多的转化和成交。

重复口播。"今年过年不收礼，收礼只收脑白金"，一对动漫形态的小老头和小老太,每次出场之前都要扭扭屁股、跳跳探戈,来一段热情的尬舞,重复几次,反复播放,这是脑白金广告。可以说重复播放,不仅树立了商品的品牌,而且极大地拉动了市场销售,"脑白金=礼品"的概念尽人皆知,给人留下深刻印象。直播带货中每5分钟或10分钟重复口播重点消息,如"您没看错,只卖99元,仅限今天,走过路过不要错过",这样,诉求点、定位都会变得非常明确,以性价比吸引用户驻足观看,引发购买欲望,增加点击量、关注度和成交额,因此在直播带货中重复播报被反复使用,可以增加直播间人气。但凡事适可而止,如果大量甚至过度使用,则难免会对直播内容产生干扰,影响观看体验,最后将厌恶感和带货商品联系起来,使得产品销量与品牌口碑不增反减,直播效果适得其反。

点赞送礼物。用户借助信息推送与交流沟通平台,将直播活动信息转发到微信朋友圈,然后圈内好友转发后,其他好友进行点赞,当"点赞"积累到要求的数量后,就可以获得主播提供的活动礼品。微信朋友圈是一个成本低廉而且能迅速积累人气的互动营销平台,通过点赞送礼物活动,可以引发规模不小的"信息爆炸",达到在短时间内迅速传播营销产品的目的,有助于增加直播间人气,扩大知名度,提升美誉度,带动转化和成交。但需要注意的是,点赞送礼物活动,应以诚信为本,如果承诺不兑现,欺骗用户感情,宣传效果就会大打折扣。在开展点赞送礼物活动时,主播一定要量力而行、适可而止,事前要做好充足准备,对于活动成本支出、用户维护和礼物准备都要合理计划,对于突发事件要制定应急预案和补救措施,真正起到聚拢人气、提升名气作用。

把惊喜和悬念留给下一场

下一场预热也是现在的直播带货必须要做的事情,预热也为直播营销带来了很大的帮助,那么我们在进行一场直播的收尾阶段时,可以为下一场直播进行预热。通过对下一场直播预热,可以给观众留下悬念,并且在预热的时候,可以简单地进行"种草",观众看过直播预热,下一次就能够主动进入直播间,为直播间带来更多的流量,提高直播间的活跃度,更好地提升转化率。在进行直播预热的时候,我们要注意把惊喜和悬念留给下一场。

做好预热的顺序安排。因为我们是在直播进行的过程中来对下一场直播进行预热的,所以顺序也千万不能够乱,预热一般也要安排在直播快要接近尾声的时候,这样能够避免因为顺序错乱,而影响到当天的直播效果。

要给观众留下悬念。要进行预热吸引粉丝,那么在直播进行的过程中,对于下一场直播所需要介绍的产品,内容也一定要能够有所控制,最好仅仅介绍一些产品的亮点,设置悬念从而吸引注意,对于产品的具体情况,不要进行过度的描述,给观众留下想象的空间,这样一来,观众也能够因为预热"种草"而被吸引,在下一场直播开始的时候准时前来观看。

剧透一些福利吸引观众。在直播的过程中,为了能够更好地吸引到买家，主播也会推出一些小福利，只有前来直播间观看，并且积极进行互动，才能够享受到这些福利。像这些福利往往是吸引买家的一个点，当我们在为下一场直播做预热的时候，也可以一并剧透以下这些福利，利用观众的好奇心理，达到吸引其注意的目的。

为下场活动做好预估判断。通过观察并分析下一场预热的效果，以评估并预测活动的受欢迎程度，以及大概实现的受众参与规模。如果预热的效果极佳，甚至超过了预期，则判断活动很受欢迎，会有超出计划参与人数的可能，这时可以提前做好准备，迎接更多的参与者，比如加大服务器、增加奖品数量；如果预热的效果不佳，没有很好的响应，则判断可能是活动本身出了问题，要么是奖品不够吸引人，要么是形式顺序出现问题，需要及时分析调整，更改策划脚本，增加人气聚集。

通过直播预热，给潜在用户以模糊与多重的感觉体验，从而激发出一种让人浮想联翩的模棱内叭，从那些无限小的细节中发现无限大的联想，让见怪不怪的生活充满天马行空的惊喜，下一场直播上演既在情理之中，又在预料之外，让吸引与悬念共舞，让下一场成为粉丝的期待。

直播复盘

直播复盘，就是在一场直播结束后，对直播的各项情况进行总结，并对直播数据进行分析，包括直播前预热、直播引流、直播过程中主播的表现情况，正常直播的综合数据，以及带货变现的数据等。根据对各个方面的分析，总结出该场直播中好的方面以及不足的方面，然后在下一场直播中进行改进，优化每一场直播，争取更好的直播效果。

直播间人气

微播易 CEO 徐扬在花椒直播上进行了一场面对企业人群的社媒营销话题直播，最终吸引到 81 万粉丝参与。在预估各种流量来源后，评估机构曾给出最多 30 万人气的预估数。但实际上，在直播开始半小时内就达到 2 万，一小时内破 5 万。在积累一定的人数作为分享的基数后，粉丝增长加快，大致以每半小时 5 万的速度上涨，23 点左右达到峰值 30 万，最后 81 万人气这个数据，远远超越预期。通过直播复盘，从人气增长轨迹可以看出，从 21:30 开始到 22:30，人气增长了近 50 万，一个小时迅速发力。为什么在这个时间节点人数猛增呢？

周六 21:30，大家一般聚餐、聚会回来，开始进入玩手机的高峰期，不管是从花椒直播的首页热门看过来，还是从微信朋友圈链接分享看过来，都是"哗啦啦"的流量。因此，直播的时间点选择和平台推荐，确实非常重要。

预热结束，开始发力。从 20:00 开播到 21:30，进行了一个多小时的预热，在原有观看人数上，通过微信朋友圈、微信群、微博等社交媒体分享直播链接，带来进一步裂变。如果直播只持续一个小时，粉丝还没反应过来就结束了，因此直播间要有人气，需要持续的、稳定的直播时长作为保证。

互动有方，带来2次、3次以及N次转发。从徐扬承诺每次直播间人气上升1万、5万就吃花椒芽，到鼓励分享拿大奖，都大大促进了粉丝互动和活跃度。

周鸿祎等大佬的助兴。最近大家都在疯狂聊直播、玩直播，红衣教主也跑来送肥皂，算是一个小惊喜。

随着时间的增加、人气的上涨，可以发现，直播最大的问题是慢热，开播前半个小时只有小10万的在线数，然后慢慢裂变，直播遵循的曲线是越往后人气越爆。当然，最大的前提是内容的深度和有效性，如果主播讲的东西人们不关心，也没有价值，单凭颜值或才艺很难留住人。

那么问题来了，关于直播，要想实现人数裂变，最开始的种子用户很关键，如何找到他们，刺激他们分享？要想留住人，分享者的内容和互动怎样安排，才能在两三个小时里不断给人惊喜？通过复盘，能得出一些答案：种子用户，来自微播易的同事们、徐扬的老朋友们，尤其是黑马社群和广告圈各位大佬，以及大佬微直播粉丝的支持，为后面大裂变奠定了引爆基础。主播要会聊、能聊，互动好。徐扬作为广告圈最懂融资的CEO之一，同时也是全国最大创业社群黑马会副会长，具有多年的社群营销经验以及创业心得，聊起专业可谓信手拈来。更重要的是，他还做足了准备，20页PPT现场演示，让粉丝们看到了满满诚意。从这次直播来看，能简单归纳出玩转直播的几个小贴士：

传播节奏很重要。直播前预热、中期的互动把握，以及之后的同步传播都得及时跟上。

时间、人物以及地点的场景契合很关键。谁来直播，在哪个平台直播，哪个时间点直播很重要。这次徐扬直播选择在周六晚上，也是抓住了一个流量高峰。

互动很关键，鼓励分享促成裂变。无论徐扬吃花椒芽，还是周鸿祎送礼物，都是加入了与粉丝互动元素。另外鼓励粉丝，分享直播链接到各大社交平台，也是后期人数裂变的关键。

内容为王。在网红脸遍地的时期，优质内容的价值越来越凸显。有硬核且会聊，能输出价值，会是以后直播间的必备技能。

以人为中心的社交关系链依然是传播核心。不管是微博，还是微信、直播，只要能聚集一批死忠粉，都能获得粉丝的给力支持。不管平台怎么换，流量都能跟随人迁移。

人均观看时长

复盘是对整场直播进行回顾，其中数据统计分析是重点，直播数据统计主要包含以下内容：直播日期、时间段、时长、累计场观、累计互动、累计商品点击、粉丝点击占比、最高在线、粉丝人均观看时长、粉丝回访、新增粉丝、转粉率、本场开播前累计粉丝、场间掉粉、订单笔数、预估转化率等。其中，人均观看时长是数据分析的关键数据，它指的是当粉丝来到你的直播间之后，停留的时间长短。直播间人均观看时长＝直播时长（秒）/ 观看人数。例如，直播一小时进来7200人，人均观看时长就是 100 秒。优秀的主播，一场直播的人均观看时长可以达到 6~10 分钟，所以衡量自己直播内容是否吸引粉丝长时间停留观看，可以用这个公式来测算。

人均观看时长是直播互动效果的数据化衡量指标。粉丝观看直播的时候，能不能跟主播产生互动或者点赞，要看主播引导和内容策划情况，互动的好坏直接影响粉丝购买率。一些主播一天播了七八个小时，其在线人数并不多，转化率也不高，但观看人数还不错，这个时候，主播就要分析自己、产品及现有的粉丝画像，来优化自己的直播内容，查找问题的症结和突破的关键：

主题是否鲜明吸引人。直播快速吸粉需要有好的主题，鲜明吸引人的主题不仅可以提升自己直播的高度，还可以快速吸引感兴趣的粉丝，获得更多的支持与关注。

主播是否有气质有魅力。直播间的主播，要有自己的独特气质和魅力，这需要自己懂得搭配服饰，懂得找到适合自己风格的衣服和妆容，同时说话办事要符合逻辑，有自己的特点，这样对粉丝才会有吸引力。

内容是否健康长知识。直播的内容也十分关键，健康的、积极的、正能量的内容，会让粉丝更愿意接受。同时可以在直播的内容中，学习到业务知识和关键技能，这也是吸引粉丝驻足观看的一个重要因素。

互动环节是否够多。主播要定期或不定期地和进入直播间的用户互动，快速让大家关注自己，这样会获得很多的粉丝。

互动环节会让主播和粉丝产生很强的黏性关系，粉丝会有一种亲切感。

是否动员身边朋友发圈。宣传推广也是吸粉的一个重要方式和渠道，不管是什么样的直播类型和内容，都可以动员身边的朋友发到微信朋友圈，利用自己的人脉来给自己积累粉丝。

是否注重氛围渲染。直播的过程中，音乐要配合好，周围的环境要配合好，良好的氛围也是吸粉的一个因素，可以让大家获得更多的关注和认可，自然也会让大家愿意成为你的粉丝。

从以上几方面入手，对直播内容进行优化之后，我们要重新复盘，查看统计数据是否会发生变化，在聊到什么话题的时候，粉丝量增多或者是弹幕增多，什么时候因为没有及时与粉丝互动，导致粉丝离开直播间等。通过强化目标、发现规律、复制技巧、避免失误，逐步使直播间的人均观看时长越来越长，粉丝黏度越来越高，转化效果越来越好。

优惠券核销率

优惠券作为一种商品促销中常用的营销手段，广泛应用于电商直播、餐饮娱乐、商品零售等行业中，商家根据自身情况及活动策划，设置优惠券的面额及使用场景，以吸引新客户、提升进店转化率、提升客单价，促进老客户的持续消费。优惠券类型多样，主要有代金券、折扣券等。用户持代金券到直播间，可享受单品（或套餐）指定金额抵扣、指定金额购买、全场指定金额抵扣。用户持单品折扣券或全场折扣券，可享受指定单品（或套餐）折扣或全场消费折扣（可设置折扣金额上限）。不同的优惠券种类，适用于不同的直播营销场景，具体需要结合直播带货品类来进行选择。

优惠券核销率是使用数量与发放数量的比值，是衡量优惠券发放、使用效果的参数指标，优惠券核销率越高，直播效果越好，转化率越高。那么，如何提高优惠券的核销率？

面值设置要有吸引力。优惠券营销活动目的之一，是吸引新老用户提高购买转化率。所以大部分无门槛优惠券面值设置在 3 元、5 元、10 元，其中 3 元、5 元面值比较小，是无门槛优惠券的必备品，通常在几十元到百元左右的客单价中使用。优惠券的使用门槛，应该根据平均客单价去进行设置。比如近一个月的客单价在 50 元左右浮动，那么为了提高客单价，可以将 5 元优惠券门槛提到满 68 元使用，并根据后续核销数据，及时调整优惠券设计。

科学合理设置有效期。优惠券有效时间必须从活动开始的那一刻算起，不然会出现两种不好的情况：第一是用户拿到券后，优惠券还不能够使用；第二是当用户最后一天拿到后，发现马上就要过期。这两种情况的出现，会大大降低用户的使用率。因此优惠券的有效时间设置，要大于或者等于优惠券的派发时间，建议有效期一般不要超过 7 天。

精准触达潜在消费者。发放消费券前，要多渠道广泛宣传，在微信公众号、门户网站等新媒体平台进行广泛宣传造势，提升曝光度、知晓率。同时根据以往消费券发放、核销情况，强化政策评估的精准度，通过科学适当选品、调整消费券面额、大数据跟踪消费者浏览网页等方式精准投放，增加用户选择余地，刺激消费者的购买欲望，从而直接促进客单价和成交量的提升。

智慧运营推动消费。智慧运营可以帮助建立营销闭环，引流、转化、复购环环相扣。用户在直播间内完成支付后，系统会推送优惠券，刺激用户下次消费，并且该消费券若长时间未被使用，将自动推送微信消息提醒用户用券。在卡券到期前3天，再次提醒用户使用卡券消费，进一步促进卡券核销，如此一来用户会有很强的黏性，复购率自然提升。

成交 GMV

GMV（成交总额）是衡量平台竞争力（市场占有率）的核心指标。计算公式为 GMV= 销售额 + 取消订单金额 + 拒收订单金额 + 退货订单金额，即 GMV 为已付款订单和未付款订单两者之和。利用 GMV 可以进行交易数据分析，虽然 GMV 不是实际的购买交易数据，但同样可以作为参考依据。因为只要点击购买，无论是否实际购买，都要统计在 GMV 里面，所以，可以用 GMV 来研究顾客的购买意向。顾客买了之后发生退单的比率，GMV 与实际成交额的比率等，也都可以用来研究用户黏度。

决定 GMV 的因素主要有两个：用户平均质量流量指标（用户数等）和转化指标（APP 对用户生活渗透率）。用户平均质量流量指标也就是电商平台的用户数量和意向消费用户的数量。

流量大而且有活力的用户量大，则 GMV 的数值高，相反则低。用户转化指标，主要取决于两个方面：一是平台产品品类的竞争力，简言之就是平台上的产品种类多，质量好；二是品牌的力量，现在电商平台众多，用户更加信赖并敢于消费的，还是那些品牌度较好的平台。因此获取更多活跃用户，是提升 GMV 的关键。可采取以下方式提高成交总额。

稳定输出直播时长。坚持每天 10:00–24:00 定时开播，日均直播时长 12 小时以上，培养粉丝的品牌忠诚度。在"6·18""双十一"等直播节时更要火力全开，不同时间段制定不同的价格优惠，必要时刻开启 24 小时不间断直播，吸引客流源源不断进入直播间，营造声势浩大、人气旺盛的良好氛围。

拓展店铺关注数量。不断致力于积累旗舰店的关注量，通过主播提示和弹幕引导粉丝"关注和分享官方旗舰店"，通过社交渠道和裂变分享，可以提升粉丝忠诚度，并帮助提升直播间人数，提高直播间效果。要形成一批相对固定的直播观众，并不断吸纳新的粉丝进入直播间。

精准确定主播人设。根据不同主播的性格，进行脚本设计和场景式营销，加强主播产品专业知识培训，并努力塑造人设。建立严格的主播考核和淘汰机制，考核不同主播在同一时段的转化率数据，建立合理的考核机制，激励优秀主播不断成长，打造明星主播。

秒杀优惠价格给力。通过合理设定直播间价格策略，提升客单价，刺激消费者潜客转化，参考日常客单价和直播间客单价以及直播间流量,来制定相应的优惠和秒杀活动。每天精选不同商品,不定期在直播间进行秒杀,以较低的售价"种草",收割更多商品的潜在用户。每天秒杀产品轮换,避免同一产品长期秒杀带来的疲软,达到最佳转化。并搭配官方旗舰店的营销节奏、流行因素、直播间弹幕和店铺评价,进行选品秒杀。

反思复盘优化提升。在新品上架前期,要时刻关注旗舰店的各种数据,根据数据进行相应的优化,多进行测款、测图,努力使流量保持相对稳定。以点击、收藏、加购率、转化率为标准,判断商品是否可以打造爆款。如果始终无法打造爆款,就要深入细致查找症结,找出解决问题的方法,不断进行优化提升,促进交易总额持续稳定增加。

来日方长——直播带货之"口碑维护"

疫情把"直播带货"推上了"天花板",但质量、售后是否有保障,才是直播带货能否走得更远的关键。直播带货绝非"一锤子买卖",即使产品"首秀"卖得红红火火,若无过硬产品质量保证,也难以持续受到消费者追捧。让消费者买得舒心、吃得放心、用得安心,才会赢得好口碑、招来更多"回头客"。

随着"直播带货"越来越火,负面问题也越来越多,为防止"直播带货"走偏,需要着力强化品控,赢得"好口碑"。严把产品质量,用心做好服务,注重社群维护,可以赢得客户的信任与支持,最终收获持久信赖和良好口碑。

直播带货的供应和服务是"隐忧"

直播带货在目前情况下出现了空前的火爆场面,但产品供应和售后服务的"隐忧"也不容忽视,假冒伪劣商品、售后服务缺位等情况频发,消费者的知情权、公平交易权和合理维权诉求难以保证。因此,需要进行正面引导,推动直播行业实现标准化、规范化、制度化。

"带货"而非"带祸"

直播带货的本质靠口碑,只有严守良心和法律底线,赢得公众更多的信任,才能避免昙花一现。网络直播不是法外之地,为了让市场更加规范,阻止假货任意蔓延,让粉丝们在直播时有更好的购物体验，**直播电商平台需要在法治的轨道上规范运行，**避免直播带货变"带祸"。当前，直播带货存在的主要问题是：

1. 虚假宣传。一些主播会使用广告法明令禁止的词语，比如"最""第一"等字眼。一位前歌手在推荐某果蔬纤维素时，向大家保证可以"远离癌症，远离疾病"。另一位知名主持人，则在推荐一款羊肚菌时说，"滋补身体绝对是最好的"，甚至称其能"壮阳补肾"。如此信口开河，质量"翻车"是迟早之事。如 2019 年 10 月李佳琦的"不粘锅"事件，其声称的不粘锅，却在煎鸡蛋时粘得到处都是，场面一度尴尬。而罗永浩卖花"翻车"事件，也曾一度闹得沸沸扬扬，并被中消协点名。消费者在公众人物的直播间可以通过补偿挽回些许损失，但在小主播的直播间，买到质量有问题的商品，却鲜有人选择维权。2020 年 3 月，中消协发布的《直播电商购物消费者满意度在线调查报告》显示，仅有 13.6% 的消费者遇到问题后进行投诉。之所以选择不投诉，一个原因是在直播间买东西，便宜是所有产品的共同特点，消费者一时冲动购买了商品，就算出现质量问题也会觉得损失较小，懒得去计较；另一个原因是不愿花费时间去应付复杂的售后流程，常会遇到因消费者找不到客服、没有保存证据等问题，难以进行售后维权。现实中，商家利用直播间难以留下证据的漏洞，频频换号换主播，"坑几次单"后弃号换新等情况十分普遍。一般情况下，这种商家售卖的商品，一旦售空立即下架，连同商品描述等都无法查看，这种售卖伎俩就是为了避免追查。

2. 夸大其词。直播带货的生态，遵循互联网行业"721"规律，即顶流收割最多利益，获得七成收益；二级流量人数更多，却只能拿到市场份额的两成；更多的默默无闻的大多数，只能分食剩下一成的市场份额。薇娅、李佳琦等头部主播占领着极大的市场份额，前十名的 MCN 机构，几乎占据了机构大盘 30% 的流量和 80% 的成交总额，而中小主播的流量则几乎腰斩。不仅如此，大多数带货主播们，还要面临网红明星、企业老板、政府官员的流量瓜分。

流量焦虑之下，一些人选择砸钱涨粉，在直播间刷量。财新网曾统计估算，目前国内刷量平台至少有 1000 家，100 家头部平台每月流水超 200 万元，从业者累计达 900 多万人。刷数据的价格从几十元到几百元不等，在一家刷单公司提供的价格表上，只需花 18 元，便可在快手直播中获得 100 个机器粉的人气，观看时长达 4 小时；而 1000 个高质量真人"活粉"的价格则是 180 元。除了刷观看数据、粉丝数据，销售数据也可以造假。趁着一些小商家对直播带货一知半解，有不靠谱的 MCN 机构专做商家的"杀雏生意"。因为损失惨重，一家茶叶商还上了热搜——投资 5 万元让网红直播带货，却只得到挂零的惨淡销量，甚至还存在流量造假。该主播团队通过粉丝数据、直播观看数据造假，且与商家签销量保底承诺书等手段让商家放心，接着拿着商家的订金，在直播期间购买商品刷单制造完美销量，而一旦直播结束商家付了尾款，就立刻安排退货，退货率高达 50%，令商家有苦难言。

3. 货不对板。消费者在直播中购买的产品货不对板现象，在"野蛮生长"的直播带货中并不鲜见。2019年9月，主播李佳琦在介绍一款品牌名为"阳澄状元蟹"的商品时，口误说成了"阳澄湖的大闸蟹"，实际该款产品并非产自阳澄湖区，因货不对板深陷舆论泥潭。危机刚过，"一哥"又因卖出的脱毛仪货不对板、机身磨损等问题，引发消费者维权，最终给下单粉丝每人补贴200元，才避免了大面积的信任危机。此类事件并非个例。2020年6月3日，有网友称在一知名网红直播间，看到其展示的蛋黄酥个大饱满、色泽光鲜，但购买后收到的实物却严重缩水。对此，商家解释称，6月3日售卖的是45克/颗定制款，与常规款80克/颗不同，价格也便宜许多。不少网友并不买账，收到的蛋黄酥不仅外皮破碎且味道不好，找到客服投诉后也没有下文。不仅如此，产品"翻车"后，很多消费者维权时，面临主播和商家责任界定不明的情况，相关追责措施也难以落实。

纵使粉丝千万、收入过亿，直播电商平台也不是信马由缰的法外之地。只有在法律和社会共同监管下，主播、商家和平台共同承担起相应责任，严格规范约束行为，做好带货产品质量把关，消费者才会源源不断，安全、放心地参与直播购物，"直播经济"才能行稳致远。

"BUG"频出环节

在迅猛快速发展之下，直播带货中存在以次充好、以小充大、避重就轻现象，产品质量、发货售后问题屡见不鲜，不仅影响了公众的消费体验，也损害了商户的长远利益，"BUG"事件频频引发舆论争议。问题主要有：

1. 品控。2020年4月底，演员谢孟伟在社交平台上帮电商带货，遭遇黑心商家，网友对从他这里购买到假货、残次品表示不满。事后谢孟伟在直播间诚恳道歉，表示会承担相应责任。2020年5月，主播薇娅在直播中销售来自西双版纳的农产品和水果，却迎来"吐槽"不断。不少网友收货后发现，很多水果还未成熟，还存在以次充好、缺斤短两等问题。知名艺人和头部主播遭遇"信任危机"，其他主播带货质量也是良莠不齐。

2. 发货。2019年9月，明星王某的微博被网友攻陷："我们都是你的粉丝，相信你才买了金蟹阁的大闸蟹！现在店家跑路，货都提不到！"原来，王某在直播中为"金蟹阁"大闸蟹做推荐，原价299元的蟹券折后价仅66元，承诺9月23日可去线下店铺提货。原本以为捡到便宜的消费者，提货时客服却重复发送信息称，提货期推迟至10月中下旬。而提货系统显示，10月30日的预约提货都已满额。提货遥遥无期，消费者开始讨要说法。

3. 售后。沈阳的宋女士观看直播时，购买了网红推荐的什锦枣夹核桃。收到货后却发现，不仅枣的大小"缩水"、核桃受潮，口感也与描述的相差甚远。最重要的是，该产品还是三无产品。想要退货的宋女士，也没能如愿。宋女士购买时为了拿到优惠券，加了商家微信号，用发红包的方式进行支付。当她提出退货时,商家在微信上将她拉黑,直播平台也已经下架了该产品。西安马先生也表示,自己给某网购平台打了近20个电话退款,平台都回复说已经安排专员处理。但最后微信端回复是:订单异常不支持售后。消费者维权困难,最后只能不了了之。

在网络购物方面,消费者对商品质量、售后服务等问题反映较为集中,而随着直播带货的兴起和发展,有关网络购物在品控、售后、发货等方面的问题只增不减,应当引起各方重视。直播经济是"口碑经济""信任经济",从业者诚信守法才是直播行业发展壮大的基石,假如抱着做一锤子买卖的想法,必定无法行至长远。从主播、商家筑牢诚信基石,在产品质量、服务上严格把关,杜绝问题产品进入直播清单,到加强对经营者及主播的规范引导,完善顾客投诉举报路径,再到加强对直播带货行为的监管,只有各方协同发力,才能让直播带货在"阳光大路"上越走越远。

化"危机"为"转机":优秀的售后是提高用户忠诚度的法宝

贴心的售后服务,会带给我们更多的忠诚用户。因此,直播带货要本着以客户为导向,积极完善以客户感受为核心的服务模式,为用户提供"专业""及时""贴心"服务,才能获得最佳的客户满意度,最终实现自身品牌价值的提升。

"主播+平台+品牌方"协同售后机制

为促进直播带货行业规范健康发展,应通过立法或制定行业标准等方式,进一步明确直播带货主播、平台与品牌方之间的责任划分,建立"主播+平台+品牌方"协同售后机制,通过系统性培训引导和规范化考核评价,加强主播职业素养和规范意识培养,做好对平台和品牌方的管理和约束,维护消费者的合法权益。

主播实际上就是广告代言人,应该承担广告法中广告代言人的责任。如果主播自己就是网店的店主,通过直播推荐自己网店的商品,此时的主播不仅是广告主,而且是与消费者发生交易关系的经营者,应当承担广告主、广告发布者和销售者的法律义务,不仅需要对广告的真实性负责,而且要对商品的质量和售后负责。对于做虚假宣传的主播,一经查实,除给予经济处罚外,情节严重的,还要实行直播市场终生禁入,提高违法成本,增强震慑力。

直播平台虽然不是交易的直接相对方,但也有义务向消费者披露销售者名称、地址等真实情况,尽到审慎的监督义务。因此,直播平台要严格按照相关法律法规及政策要求,明确内部监管措施和完善自治规则,从加强入驻审核、商品抽检、营销推广、商品评价、违规管理、售后保障、纠纷解决等全流程,进行审核把关和生态治理,积极主动开展行业自查自纠,严格查处各类人气造假、评论造假等不法行为,以及各类诱导交易、虚假交易、规避安全监管的私下交易行为，依法配合有关部门的监督检查和调查取证，保障消费者合法权益。

直播带货中的品牌方，一般指为消费者提供商品或服务的商家，也是商品质量和售后服务的第一责任人，应该承担《消费者权益保护法》《食品安全法》《电子商务法》等有关法律法规规定经营者的所有责任和义务。对于随意夸大宣传、欺骗和误导消费者、生产商品没有质量保证、售后服务不健全的，应纳入社会诚信评价体系，给予行政性、市场性、行业性、社会性约束和相应惩戒。对于违法情节严重、频次较多的，列入直播"黑名单"，一律清除出直播市场，维护网络直播的良好秩序。

同时，提醒消费者注意：首先，要查看直播平台公示的商家信息，查看其是否有营业执照，如果平台没有公示商家营业执照，就尽量不要购买其商品或服务。其次，不要轻信主播的产品功效宣传和超低价承诺，要根据自身需要理性消费。最后，要保存好直播视频、聊天记录、支付凭证等证据，遇到问题及时联系商家和平台协商解决。如果协商不成，可以向当地消协组织或市场监管部门投诉，也可以申请仲裁或到法院提起诉讼，依法维护自己的合法权益。

态度："请大家放心"

做好售后服务，首先看态度。"请大家放心"，就是想客户之所想，急客户之所急，真正把客户诉求放在第一位，让客户着急而来、满意而归。客服对待客户的态度，反映了企业的服务意识和管理水平，代表了企业的形象和责任心，因此，态度十分重要。用户反映售后问题，我们要安抚好用户情绪，比交易的时候更加热情，这样用户就会觉得服务很好。如果对售后问题爱答不理，用户就会对商品、对卖家、对品牌失望，也不会再次光顾。因此要态度热情、服务到位，应做到以下几点：

心态平和。有销售就有售后，所以一旦出现售后问题要有好的心态面对。作为一个客服，心态十分重要，决定看待事物的角度和处置问题的办法。比如说：桌上放了同样多的半杯水，悲观者会说："天啊，只剩下半杯水了。"然而乐观的人会说："至少还剩下半杯水。"作为客服，每天应该抱着什么样的心态，去面对每天的工作呢？是还没有上班之前，就在想"每天遇到的客户都很难缠"，有的一开口就出言不逊，"一天的折磨又开始了"，还是"新的一天，让我保持美好的心情去迎接新的挑战吧！只要学会将心比心、换位思考，让每个客户心情舒畅，为客户解决问题，那就证明自己又进步了！"毫无疑问，应该选择后者。作为客服，应该保持一个良好平和、心静如水的态度，去迎接每个客户。

知识系统。作为一个优秀的客服，至少得拥有两方面的知识。一方面就是所销售的产品的知识。如果你销售的是衣服，就要知道这些衣服的风格、款式，大致应该适合哪一年龄段的人穿着；如果你销售的是家用电器，就要知道热水器的安装方法、空调如何修理等一些基本常识。只有你自己清楚情况、了解业务，才能介绍得详细、明白，这样才能解决客户的燃眉之急。

另一方面就是要熟悉淘宝等销售平台的使用知识。例如，应该如何拍下产品、如何付款、如何取消订单、如何修改收货地址等。因为在直播平台上买东西的客户，不一定每人都熟练掌握操作流程，有的可能是刚刚接触还不熟悉，有的年龄偏大使用操作有困难。所以这样的客户很需要客服的帮忙，给他讲得清楚明了，问题就能迎刃而解，这也会促进客户满意率提升。

沟通积极。作为客服必备的专业技能，沟通无时不有、无处不在。因为有的客户对你所销售的产品一窍不通，这时就是你发挥沟通能力的最佳时机。客户的脾气性格、年龄性别、诉求期望各不相同，因此沟通有难度也讲技巧，要对症下药、靶向治疗。作为客服，要看应该怎样去沟通，更容易让客户接受，让客户觉得你更专业。在沟通的时候，不要反问客户："这么简单，你都不知道吗？"这样就会让客人觉得不舒服，感到你的服务态度不够友好，容易引发争执、激化矛盾，演变成无理谩骂和个人攻击，对解决客户问题产生不利影响。需要耐心沟通，让问题迎刃而解，以客服的辛苦指数换取客户的满意指数。

速度：第一时间交代

客户来投诉处理售后问题，要在第一时间迅速做出反应，认真听取客户陈述，弄清事情来龙去脉，冷静分析问题原因，并提出合理化建议，承诺限期给予有效处理。处理售后问题的动作快、时间短，不仅可以让客户感受到尊重，显示商家解决问题的诚意，而且可以有效防止事态恶化和矛盾升级造成的负

面影响,从而将损失降至最低。因此,面对客户售后诉求,应该这样做:

快速反应并分析原因。客户收到的商品有问题时,愉悦的购物心情被打乱,会很不高兴,甚至充满抱怨。有火气是人之常情,这个时候首先要耐心听清楚问题的所在,快速给予客户回复,及时帮助解决问题。其次,要冷静分析问题出在哪里,是客户使用方法、操作不当产生的问题,还是商品本身的质量问题,需要静下心来、认真分析问题发生的原因,为下一步的处理奠定基础。千万不能冷嘲热讽、火上浇油,否则一个火星引起燎原之势,就会让客服"葬身火海"。

进行情绪安抚并解释问题。客户看到商品有问题,心里都会比较着急,那么一定要做好安抚工作,让顾客的情绪冷静下来,也利于客服工作进行。不管是什么样的原因造成顾客的不满,都要诚恳地向顾客致歉,然后针对问题做出合理化解释,给顾客一个圆满的答案。这样顾客情绪就会平稳,面对问题也会克制冷静,感觉到客服是站在他的角度处理问题,会让客户信任感更强。

处置迅速并及时补救。客户提交售后,无非就是想得到一个处理方案。客服可以根据实际情况,对客户提出合理化的处理意见,如果客服一时处理不了,可以与上级进行商议后再给客户建议。遇到售后问题,要能及时提出补救的方式,并且及时全面、详细准确地告诉客户,大致采取什么样的补救措施,大约需要什么流程,经历多少时间,让他心中有底,了解售后处理的进程。一个及时有效的补救措施，往往能让顾客的不满化成感谢和满意。

认真做好总结反馈。客服要及时跟踪售后，每天上班第一时间查看售后信息，及时处理退款申请。有需要退换货的客户，当时不能一下解决完，需要一段时间处理的，那么客服就要建立备忘录，每天及时跟进，不能等客户反复询问，而要主动联系客户，及时告知进度，让客户吃一颗"定心丸"。如果不是同一个客服接待，客服之间要做好交接记录，一方面可以避免遗漏，另一方面可以汇总问题，便于进行仔细梳理和认真分析，为阶段性直播总结提供参考依据。同时，要注意不要弥补完过失就草草收场，应当好好利用这一机会，把投诉客户转变成忠诚客户。所以一次成功的交易"善终"比"善始"更重要。

力度：负责到底

搞好售后服务，已成为经商售货的一条基本原则。商品一旦销售出去，不论什么售后问题，商家都要负责到底、服务到家，小问题电话指点解决，复杂问题派专人指导，不只让客户对产品满意，还要让客户对服务满意。要采取以下措施负责到底：

档案齐备，有据可查。如果商家不想"打一枪，换一个地方""做一个品牌，倒一个品牌"的话，那么建立完备的客户档案，应作为长期工作来抓。商家好比一个园丁，自家商品就是模样相仿的花朵，客户则是喜爱花朵且从园丁处将其接回家的人。于客户而言，他们可能只知道花朵的名称，只知道从何处与之结伴牵手,当遇到问题时自然会第一个选择向园丁求助。于园丁而言,随着花园规模的扩大,他不可能对模样相似的花品都牢记于心,但他要对每枝花朵负责到底,所以就要求他将每枝花朵的主人的信息记录清楚,即便年月推移,通过它们的主人,仍能顺利地找到它们。客户姓名、详细地址、购买型号、购买时间、联系电话、安装人员姓名、辅料明细等都是完备的客户档案所必备的内容。当客户有售后需求时,我们可以根据客户所提供的姓名、联系方式或住址等信息,一目了然地了解到客户安装使用时的情况,便于有的放矢、高效解决。此外,商品发出时间、到货时间、使用何种快递,这个客户喜欢自己挑选还是别人推荐,客户的性格是急性子还是慢性子,在价格或产品问题上是随意还是苛刻等,都应该被如实记录下来,方便客户再次购买时,用他喜欢的方式与之沟通,这样可以取得事半功倍效果。

渠道畅通,有医可寻。建议商家开通售后服务专线,最好是 24 小时专职人员贴心守候式的阳光服务热线。这就对售后服务提出了更高的要求:接线人员要掌握产品基本的安装使用常识和简单故障排除方法,确保专线全天候有人接听,要文明用语、热情服务、耐心解答、仔细记录。对因主客观条件所限,暂未开通售后服务专线的商家,应在店内推行"电话首问负责制",即"谁接听、谁跟踪、谁反馈",确保问题有人记录、有人传达、有人落实。商家万万不可忽视 24 小时售后服务专线的作用,因为电话畅通,客户焦躁的心情就有了安抚和着落,情绪就会平复。售后电话无法打通、无人接听，或者回答模棱两可，态度蛮横无理，将造成什么样的负面影响我们可想而知。在确保售后电话畅通的同时，再格外强调一点，一定要诚实守信，按照允诺的预约时间进行售后服务，当不能在预约时间进行售后时，一定要事先通知客户并重新预约。在这一环节中切忌"只答应、不售后"和"不表态、向后拖"两种情形的发生，要把诚实守信、贴心周到的售后服务，打造成商家的金字招牌。

  细中显优，服务取胜。商品寄出前要认真检查，不发残次品，也不要发错货。如果商品在运输过程中损坏，一定要先补偿客户，不要在物流责任还是商家责任上周旋。付款后要尽快发货并通知客户，货物寄出后要随时跟踪包裹去向，如有运输意外要尽快查明原因，并向客户解释说明。交易结束后，及时询问客户对商品是否满意、有没有破损和改进服务建议，对客户好评一定要及时回复表示感谢，同时做好长线培养，适时发送新品宣传推荐和折扣优惠信息，发展潜在的忠实客户。此外，如果预约上门售后服务时间，工作人员应按时赶到客户家中，外出作业维修时要保持穿戴整洁，统一穿着工作服，进入客户家中时应换上鞋套，在维修过程中切勿谈及与工作无关事项，切勿同事间喧哗嬉笑，对维修产生的垃圾打包带走，把卫生打扫干净。在此过程中，应做到言语得体：对客户提出的疑虑和问题要耐心解答，对客户的抱怨和不满要认真听取，对客户的过分要求要礼貌婉拒。要充分理解客户的心情，将心比心，换位思考。

  回访考核，双管齐下。售后服务完成之后，应要求工作人员把问题出在哪里、用什么方法解决、更换了什么部件、修改了什么参数等信息做好详细记录。在不迟于 24 小时的时间内，应对客户进行一次回访，着重了解产品故障原因、修复状况、售后人员上门时间、工作状况、服务满意度及客户的意见建议等情况。通过回访对每一次的售后进行分析，找出哪些问题是产品自身原因所致，哪些素质是售后人员所欠缺的，哪些技术亟待创新提高。通过分析比较，对返修率有一个统计，根据统计数据，对初装人员适当予以奖惩。以此，提高产品初装效果，提升售后人员的服务质量，实现向从源头控制，从过程优化的目标飞跃。

好的售后服务，增加了与客户交流的机会，同时拉近了与客户之间的距离，增强信任了解的机会，这样的话，客户会介绍更多的亲朋好友来光顾，所以商家一定要做好售后服务，这样才会生意兴旺。

拒绝"割韭菜"：做好社群维护

李佳琦、薇娅等直播带货大咖，为什么能直播带货过亿？核心原因之一是他们懂得做社群，利用社群维护加深粉丝与主播的关系，通过社群裂变更多的粉丝。因此，我们要向头部主播学习，把直播间的粉丝导流到社群，变公域流量平台的路人粉为私域流量社群的铁杆粉，有了社群的运营和维护，直播间才会更有人气。

关注粉丝情感

和粉丝相处，真的很难。远了让粉丝觉得受冷落，太近会让粉丝觉得有企图，因此不远不近才是恰到好处。主播要学会保持适当距离，关注粉丝情感，让粉丝倍感幸福。

关注热点话题、潮流动态。直播间里的粉丝，来自五湖四海，有不同的生活习惯和价值观，要想聊到一起，就必须有一个共同的话题。最好的方式就是关注热点。新闻时事和娱乐新闻都关注，这样会让主播和粉丝快速地找到共同话题，也会让还没来得及关注时事的粉丝觉得主播很万能，通过主播的直播知道了有价值的消息。需要注意的是，聊起热点不要发表过于极端的言语，容易引起争议，让一些不同意你观点的粉丝对你转路人甚至转黑粉。倒是可以通过一些热点，比如最新的歌曲、电影、电视剧，聊聊你的感受和生活中发生过的事情，这样很容易就能引起粉丝的共鸣，产生更深入的沟通。

对粉丝要关心，必要问候不能少。跟粉丝最重要的互动还是看线下，毕竟直播的时候即时性很强，看不到弹幕，一些问题就过去了，但是私下聊天的时候可以一对一。私下互动最重要的不是交流方式，而是聊天内容要把握好尺度。总结起来就是**不能过于客气，更不能过于暧昧**。过于客气的话，会让粉丝觉得主播这个人很冷淡，缺乏人文关怀，即使偶尔的关心也会让人觉得另有所图。为此，主播应该每天抽出一些时间，在群里跟粉丝们互动交流，多关注粉丝的微信朋友圈，点赞评论都可以，这样才能稳固老粉、吸引新粉，进而圈粉无数。不能过于暧昧，并不是指不能互动得过于频繁，而是指主播与粉丝聊天互动的内容不要太暧昧。注意说话的分寸和开玩笑的尺度，既要幽默风趣让人意犹未尽，又要带动气氛营造宽松氛围，同时保持头脑冷静清醒，不能触碰底线挑逗露骨，要努力营造风清气正的良好环境。

打造粉丝社群，让关系牢不可破。很多主播说粉丝是家人，是朋友。那就要让粉丝感受到这个家庭的力量，感受到社群、团队的力量。从粉丝群名字昵称的更改开始，改成跟主播或者粉丝团队密切相关的，比如经典的就是某某家军，让粉丝时刻觉得自己是这个团队里的一员。另外，粉丝需要帮助的时候，可以在调查核实、了解清楚之后，呼吁大家一起帮忙，毕竟人多力量大，尽一份善良和真心，换来大家的尊敬和爱护。再比如，很多新粉丝刚入坑的时候，会觉得自己格格不入，常常插不上话，主播要提前跟粉丝群的管理员打好招呼，进群前几天要多照顾，可以多抛出几个有趣的话题或者好玩的活动，适时艾特新粉，这样会让新粉丝觉得自己备受重视，有利于他们快速融入社群。

总之和粉丝相处，最重要的还是需要付出真心，只要主动真诚关注他们的感情世界，走进他们的内心，他们也会把主播放到心里。

打造宠粉福利

粉丝对于直播带货的重要性是不言而喻的，商家和主播要

认真经营粉丝,做好社群维护,打造宠粉福利,实现顺利变现。打造粉丝福利方式主要有:

线下群体活动。让粉丝与主播有亲密接触的机会,策划线下大型嘉年华等活动,以群体互动为主,邀请粉丝参加,通过歌舞表演吸引粉丝屏息观看,通过脱口秀与粉丝频繁互动,通过打碟、喊麦表演为粉丝讨论制造现场话题,推出校园、情感、交友专区等多种社交玩法,让粉丝有参与感和归属感。通过主播更加紧密的交互与陪伴,让粉丝不再只是直播间的看客。同时,帮助主播将自身影响力由线上辐射至线下,从小众带货主播走向全民偶像的舞台。

给予适当奖励。主播的持续火热,离不开粉丝们的信任,因此为感谢粉丝长久的支持和信赖,可以送给粉丝们一些奖励作为回馈。成名已久的 PDD 2019 年 3 月重回斗鱼直播平台,复出后一掷千金,在微博上抽取了总计 101 万元的现金红包答谢粉丝;经典网游 DNF 的大佬主播旭旭宝宝,在春节期间抽取了 2000 多套的礼盒,在微博和直播间中送给粉丝;炉石一哥王师傅举办了粉丝见面会,豪气地宴请来自全国各地的粉丝吃小龙虾大餐。因为他们知道,忠实的粉丝是主播成功的根基。

多种游戏互动。主播与粉丝可以通过在游戏中激烈比拼,来进行广泛互动。可以玩"猜数字"游戏,主播在纸条上写下一个数字,然后由粉丝来猜,每猜一次主播缩小数字范围,最后猜对的粉丝可以获得相应的福利。也可以玩"成语接龙"游戏,主播起头说出第一个成语,然后粉丝开始往下接。比如,主播说"坐井观天",粉丝就得说出以"天"开头的成语,为了降低难度,也可以是谐音,最后选择优先猜对的前几位粉丝赠送福利。还可以玩脑筋急转弯、你比我猜等各种游戏,目的是通过游戏活跃气氛、增加互动,提升粉丝参与度和体验感。

举行社区欢迎仪式。当我们进入一个新微信群的时候,会显示是谁邀请你进入群、加入群的人数以及众多微信名称。这时候,大多数人会有一种局促和不安。如何消除这种感觉并逐步建立信任呢?如果有"热烈欢迎某某加入某某群"的欢迎标语,你会有什么样的感觉?这种扑面而来的欢迎,会让人觉得这个群非常热情。总体来说,举行欢迎仪式的操作比较简单,但是一个新群建好之后,一定要坚持做这件事,简单的事情重复做,可以潜移默化教育大家一起跟随,在跟随中使大家逐渐形成习惯,有了这个习惯,就有了打造有影响力社群的基础。

共建共享社群文化。无规矩不成方圆,有了群规则,所有进入群的人才会按照规则办事。因此,除了震撼的欢迎仪式,还要制定社区群的宗旨、规则,给新进入的粉丝做一个言简意赅的介绍,每当有一小拨新粉进群,就发送一遍。<mark>同一个口令重复千万遍就是执行力。</mark>当群里不断地重复社区群的价值观时,群成员都会自动发送群规则,这样就会形成共建共享的群文化。有了群文化就可以约束规范行为、形成价值引领。

为群友提供价值。当群文化建立之后,接下来就要提供一些价值。因为每个进入群的粉丝,都在等待群主发布活动。人们进入一个群,不外乎几个动机:对主播和商家的热爱、掌握新的资讯、拓展人脉、寻找新项目或者新机遇等。我们可以先从那些活跃的、比较支持群主的粉丝开始，把他们的名片发到群里，或者组织大家在自己微信朋友圈里相互推荐。同时组织群里的粉丝朋友，24小时之内相互加为好友，这样就满足了拓展人脉的需求。

维护好核心粉丝群。对于普通主播来说，不要一开始就想拥有大量粉丝，应该先稳定核心粉丝群。核心粉丝群就是那些始终观看直播，并对商家和主播有深度认同感的人。要把这部分人聚集起来，让大家畅所欲言，在轻松的氛围下相互认识。在稳定了核心粉丝群之后，可以根据群聊天内容，延伸出一种文化，这种文化能够指引直播运营。为了方便管理，可以在群里找一个管理能力强的小伙伴进行日常维护。

开启"养鱼模式"

说到"养鱼"，就涉及私域流量和公域流量两个概念。那么，什么是私域流量？简单来说，私域流量就是指能够被内容创作者主动掌握的流量，通常通过自己的品牌、个人影响力等自己的平台带来流量。私域流量对应的就是公域流量，通常是指公共平台带来的流量，比如，各大媒体、搜索、电商平台带来的流量等。公域流量因受限于平台的各种规则，所以公域流量中的创作者变现难以掌控。

淘宝经营的店铺，可以得到客户的关注和订单，但交易之后就结束了联系，客户属于淘宝，从店铺角度上看，这些客户的光顾就是公域流量，无法直接触达用户，只能被动等待用户到来。而要想获得自己的客户流量，也就是说这些客户完全归属自己，那就需要打造私域流量。基于微信生态搭建的社群就是私域流量，店铺建立了微信群，吸收客户进群，这些客户粉丝就是微信特有的流量，能够自主运营且直接触达用户，就是商家的私域流量。

而"养鱼模式"，就是指商家与用户之间，像朋友一样沟通聊天，时间久了、感情有了，用户感觉到你的产品质量过硬、值得信赖，付费就是水到渠成的事情。公域流量和私域流量，就像大海和私家鱼塘。打造私域流量，就是"养鱼模式"最好的运营手段。直播带货想打造私域流量可不简单，需要我们采取策略办法：

创建微信群。主播带货建群吸客已变得很普遍，打造自己的微信群，客户都能成为群成员，这样的微信群内的粉丝流量都是私域流量。商家通过分享群名片，拉新客户进群等方式，都可以打造自己的私域流量。

创建公众号。公众号是商家很有优势的经营平台，商家通过发布一些优质的文章来吸引客户关注群，这样就可以吸引更多私域流量。但要记得文章要有价值，传递正能量，能够为客户提供有益的帮助。

创建微分销系统。微分销系统本身的规则就是客户购买商品，可以加入这个平台成为分销商，然后再进行宣传吸客，客户再次购买平台商品，再次转化为分销商。此时我们要知道，后一个分销商是通过前一个分销商进入平台，因此前一个分销商，会得到一定的提成奖励。如此的流程，可以更加迅速地拓客。另外该分销系统本身也可以进行分享，让更多的客户认识、了解和加入平台。系统可以实现二维码吸客，从线上线下多方面吸引客户流量，这些都是私域流量。

直播带货要想在目前激烈竞争的网络市场中获得更多的流量，突破瓶颈的确相当困难。因此商家要想获得更好的销量，就需要变革，将目标转向私域流量。通过各种手段积累私域流量，这样才会获得更多关注。另外需要注意的是，当前提升私域流量的方法很多，但并不适合全部商家。因此直播商家需要结合自己商品及服务的优势，因地制宜选择适合的方法。但无论怎样，商家自行构建的私域流量池，把导入的流量养成用户，将成为品牌商青睐的直播带货新高地。

不管是直播带货，还是实体营销，社群经营都至关重要。经营好社群能够带来意想不到的回报，社群就是你的私域流量、你自己的池塘，池塘建好、维护好，剩下的就是变现。因此，要做好社群维护，才能打牢根基，推动直播带货行稳致远。

知己知彼，百战不殆——深度解读直播带货"超级KOL"

《孙子兵法》有云："知彼知己者，百战不殆。"意思是了解敌人的实力，知晓自己的情况，在此基础上作战就不会失败。作战如此，商战亦如此。推广到直播带货领域，就是要通过向头部主播学习，找到差距、采取措施、弥补不足，一点一滴不断完善自我，从各个方面不断地强化自我，直到最终实现自我超越，方能成就非凡业绩。

他山之石，可以攻玉。本章将以李佳琦和薇娅为例，详细解读直播带货"超级KOL"的成长和发展经历，深入分析其直播带货事业成功原因和趋势方向，以期为有志于从事直播带货行业的人们，提供有益的参考借鉴。

李佳琦：从"欧莱雅BA"到"口红一哥"

从一个美妆导购到一个头部美妆主播，李佳琦的成功除了碰上风口的幸运，还有其自身的积累和努力。同样站在风口上的人，为什么飞起来的是李佳琦，而不是其他主播？其中的"必然"，值得我们抽象出来学习，在总结和思考的基础上，结合自身实际加以应用。

成功的关键要素

互联网飞速发展的外部环境给了李佳琦成功的机会，但机会只留给有准备的人。李佳琦抓住了这次机会，凭借着扎实功底、精湛技艺、公司打造、团队支持、不懈努力，一步步走向了事业的辉煌。

享受了行业发展红利期

任何人都受大环境制约和影响。主播带货也不例外。早在 2016 年，淘宝就推出了淘宝直播。2017 年，与天猫直播合并了的淘宝直播，在内容、流量、玩法、人群、商业化等方面进行了重大升级。2018 年淘宝更是提出双百战略，期望培养 100 个月入 100 万元的主播。淘宝直播，一方面背靠百万天猫商家、千万淘宝商家，充分发挥阿里巴巴的供应链优势；另一方面抱紧头部主播，给予淘宝直播充分的流量。

而我们的主角李佳琦，在成名之前是欧莱雅的彩妆师和销售。2015 年成立的网红孵化机构"美 ONE"看到了淘宝直播的机会，于是在 2016 年年底联合欧莱雅发起了"BA 网红化"的项目，BA 就是美容顾问 Beauty Adviser 的简称，通常就是指化妆品专柜的导购。欧莱雅一共有 200 多名 BA，项目初选 5 个女生和 2 个男生，李佳琦由于出色的专业技能和销售能力被选中。三个月后，项目结束，只有李佳琦留下。据美 ONE 的老板回忆，只有李佳琦愿意做主播，其他 6 个人都返回线下专柜，因为那是一份确定性的收入，而留下做直播，前途未卜。

李佳琦所在的美 ONE 公司，员工超过 300 人，几乎都是围绕着李佳琦这个 IP 在运转。李佳琦每个月的 17 日都要做一场心愿节直播，是每个月最重要的直播，每次直播前的选品，可能都需要 20 个以上的商务配合，而且每个商务已经做了大量的前期筛选、调查、整理工作。即便不是心愿节直播，他们也是固定地从下午 3 点到 7 点进行选品工作，每天超过 10 个商务排队配合他。很多产品，李佳琦都能做到 5 折卖给粉丝，背后是整个团队在奋斗。团队从最初培养 200 位主播，转变战略为只做李佳琦一个 IP，把所有能调用的流量资源都给他，以此增强回路，强者越强。因此，李佳琦的成功，离不开美 ONE 公司的资源支持。

作为最早吃螃蟹的一批人，李佳琦也吃到了淘宝直播最大的红利。最初的一段时间，李佳琦的直播没有什么起色，关注的人不多，李佳琦甚至想撒手不干。老板让他坚持三天，结果三天后果然起飞。不过天下哪有这么好的事？实际上是，当时淘宝直播主要是女性，官方为了丰富整个平台的生态，想扶持男主播，公司给李佳琦拿到了三天的流量推荐。第一天，观看人数从 2000 到了 20000，第二天又涨到 50000……就这样，李佳琦火了。经过自身不断努力和淘宝平台、背后公司全力支持，李佳琦用了三年时间，终于在 2019 年 10 月做到了淘宝直播间千万粉丝，成为拥有顶级流量的超级 KOL。

精准的人设打造：辨识度高、话题度高

李佳琦对自己的人设总结了两点，就是"魅力"+"信任"。他那"无处不在、无孔不入的吸睛魅力"表现在：首先是一枚高颜值帅哥。大部分女孩子对于帅哥，天然就没有抵抗力，李佳琦皮肤白皙，唇线清晰饱满，涂口红天然好看。这种性别的反差，更容易使女孩子们产生信任感，而不是对其他漂亮女主播试唇膏时的怀疑感。这种天赋也使得他在同行从业者中占得了先机，

时而来一句"我一个男生涂唇膏都这么好看,你那么漂亮,当然涂啥都好看"。试问听到这里,哪个女孩能不心动?其次是当之无愧的"口红一哥"。2018 年 9 月,李佳琦在自己的第一届粉丝节上,以挑战吉尼斯世界纪录的方式来为自己庆生。采用"棚内综艺 + 真人秀"形式开启新鲜直播,在 350 万粉丝的见证下,李佳琦成功挑战"30 秒给最多人涂口红"的吉尼斯世界纪录,成为世界纪录保持者。从此,"口红一哥"的称号名正言顺。

"信任与靠谱"体现在服务贴心和"宠粉狂魔"上。为了让女生有更加直观的上唇效果,他坚持不在手上试色,而是直接把口红涂到自己的嘴巴上。更加惊人的是 2017 年下半年,李佳琦做了一次口红直播专场,6 个小时一共试了 380 支,连续不停地做着重复动作,涂抹擦掉,一个颜色试完,再进行下一个。整场直播结束后,李佳琦的嘴唇几乎撕裂崩坏。这一次次死磕自己,为的就是给粉丝们带来最直观的产品观感。福利是电商主播"宠粉"的核心。李佳琦就一直承诺自己的产品都是全网最低价,优惠让利直达粉丝。同时,李佳琦还会亲自去一些产品的原产地、专柜门店询问当地的价格与销量,通过亲身试用,帮助消费者获得更全面的产品信息,供其参考。这些无形中给宠粉人设增加重重的砝码:不管怎么样,我就是要对你们好,同时让你们实实在在感受到。

李佳琦的人设不是装饰出来的,而是源于他天生"爱分享"的个性,同时还有自己和团队在后期运营中的点滴积累。一方面是每次直播时与粉丝的高频互动,一方面是运营团队很敏锐地将他生活中符合用户期待的人设进行故事化,而后进行全域媒体的营销放大,从而造就出辨识度高、话题度高的精准人设。

工作勤奋

走上直播道路的李佳琦并没有立马火起来,最初他直播间每天的在线人数只维持在数百人左右,没有粉丝追捧,也没有强大的号召力,是千万主播里最不起眼的小透明。但是,凭借着对直播行业的执着、热爱和不甘心,他依旧选择勤奋工作,最终迎来了前所未有的爆红。爆红后,他深知机遇难得,抓紧一切时间做直播,几乎没有一天间断过。在一年365天中,李佳琦做了389场直播。每天从晚上7点开始直播,一直到次日凌晨1点才结束。6个小时的直播结束后,他召集团队员工开会总结,会一开就是三四个小时。转天早上稍作休息后,中午12点到下午5点,李佳琦又开始着手准备晚上的直播,周而复始。李佳琦的成功,背后是他的辛勤付出和勤奋工作。成功者的背后,是近乎变态的自律和超高的执行力。不光要拼尽全力,还要以自律将这种拼尽全力持续到每一天、每一年,这样才能在机遇来临时抓住它。

但是,"功成名就"的带货一哥李佳琦,却时刻有着危机感。他在一次采访中坦言:"我始终觉得自己做得不够好。"即使现在坐拥千万粉丝,他仍然担心自己会失业。他知道直播行业更新换代速度有多快,所以他不敢休息,怕自己稍不注意,就会被别人取代。他说:"淘宝现在大概有6000多名活跃主播,每天直播场次有上万场。如果一天不直播,你的粉丝就可能被其他

9999 场直播吸引走。"所以，成名后的李佳琦选择更加努力工作。

精通化妆品知识

李佳琦今日取得的成就，离不开极致的专业能力打底。上大学时，李佳琦化妆课的成绩就非常优秀，还拿过第一名的好成绩。2013 年，大三的他开始找兼职工作，获得了去欧莱雅柜台做彩妆师的实习机会。大学毕业后，他继续在欧莱雅专柜工作。虽然是男生，但他非常喜欢这份工作，也很努力学习，所以他的专业能力和销售额都比大部分女员工还要高。在一个垂直领域持续深耕，6 年美妆，3 年直播。他日复一日做柜哥，用 3 年时间成为那个柜台最专业、最懂化妆品、最会销售的导购。

李佳琦家里有上万支口红，他直播时会有超过 2000 支口红。你随口说一个色号，他 3 秒就能帮你找出来，他可能是比女生还懂口红的男生，甚至是"行走的口红"。同时，他的直播间也不是什么产品都推，80% 的产品都是美妆。这让粉丝们直观认为李佳琦很专注，专注在他擅长的领域，而不是唯利是图，什么钱都赚。

正是有专业深厚的化妆品知识打底，李佳琦才可以进行教学式直播。给你展示一支口红的色号，他会告诉你，这个色号适合什么肤色，适合什么妆容，哪几款是某某大牌的某某色系的平价替代，哪几款孕妇也可以涂等，在上色、涂法和卖点等方面多加强化，从而让观看者一目了然，这就是李佳琦的内容优势。因为他不仅精通化妆品知识，还十分了解女性心理，她们要的不仅仅是一支口红，而是让自己看起来更加好看。这些就是李佳琦能给予粉丝们的价值,不仅卖货,还把最优的使用方法告诉你。因为专业,所以值得信赖。

李佳琦"直播带货"事业的三次转折

山重水复疑无路,柳暗花明又一村。李佳琦直播带货事业不是高歌猛进、畅通无阻,而是在这曲曲折折的前进路途中,一路成长,不断开拓,追求卓越,迈向成功。

2018 年"双十一""大获全胜"

在 2018 年"双十一"直播中,李佳琦和马云公开对垒 PK,看谁在直播间卖口红销量最好。当直播开始的时候,两个人纷纷开始了自我介绍,李佳琦说道:"大家好,我是口红一哥。"在另一个直播间里的马云,说道:"大家好,我是口红大哥。"然后两个人开始为大家推荐颜色,马云拿着口红在手臂上为网友们试色,李佳琦在嘴唇上试色。很多网友看到喜欢的颜色后会"种草",而马云却不会在嘴唇上试色,而且对一些口红的色号也不是很熟悉,介绍讲解不如李佳琦专业透彻,所以这次的直播比赛,李佳琦卖出了 1000 支,而马云只有 10 支,李佳琦完胜,被称为"战胜马云的口红一哥"。此外,他还在"双十一"淘宝直播中 5 分钟卖出 15000 支口红,5 小时带货 535 万支,创造的纪录至今无人打破,总销售额高达 6700 万元,带货能力十分抢镜。通过叫板大佬,与马云针锋相对 PK 卖口红,李佳琦人气暴涨,吸粉无数。李佳琦的带货事业,迎来了第一次腾飞。

入驻短视频

2018年12月，时任淘宝直播负责人的赵圆圆，被美ONE公司的BOSS邀请，一起研究讨论，如何在其他主播追赶的环境下，帮助李佳琦突围。赵圆圆给支的着儿是：李佳琦的定位应该是"全域网红"，去抖音圈粉丝扩大影响力，把淘外流量转化到直播间变现。于是，李佳琦入驻抖音，将"种草"视频细分，用醒目的提示框给每一个视频贴上标签，这样大大地促进了网友的点开率。在内容上李佳琦只推荐口红。入驻仅2个月，便涨粉1400万。李佳琦也是从抖音往淘宝直播导流的第一人，直接导致淘宝直播间粉丝净增100万。同时，通过赵圆圆指的那条路，他的直播间迅速涨粉，半年时间粉丝数翻了5倍，突破3500万。

2019年3月底，李佳琦携手黄渤、谢娜、王祖蓝等娱乐明星，正式入驻快手，成为快手2亿日活用户的一员，通过网络和大家分享快乐生活。他和粉丝们打招呼："你们的魔鬼琦来咯。"只用了一个月的时间，他就登上快手MCN时尚达人榜单第一名，目前粉丝已经涨到近千万，发布了近百条短视频，每条都有好几百万老铁来观看和互动。他在快手、抖音上的每条视频，都呈爆炸式病毒传播之势，他推荐过的口红，几乎没有一支不卖断货。至此，李佳琦迎来了带货事业的第二次井喷。

微博出圈

若要说2019年最出圈的网红，无疑是"口红一哥"李佳琦。抖音粉丝3600万，微博粉丝847万，他不仅仅活跃于直播间,更在各大热门综艺频频露脸。"双十一"期间,他还创下过 3100 多万人实时观看直播,一天创收 10 亿元的神话。此外,李佳琦微博"出圈",成为这段时间风头正盛的话题人物。从 2019 年 10 月至今,李佳琦频繁登上热搜,包括"李佳琦求生欲""朱一龙李佳琦直播""李佳琦加盟吐槽大会""李佳琦个站""李佳琦周震南""李佳琦敬业""品牌方回应李佳琦直播粘锅""李佳琦直播""李佳琦封面",引起全民讨论。据统计,目前李佳琦全网粉丝超过 1 亿,真正成了"全域网红"。通过微博热搜,吸引外部流量进入淘宝直播,进行流量反哺,成为李佳琦拓展影响力的重要一步棋。李佳琦与消费者也不再是单纯的买卖关系,他逐步变成了粉丝的人生偶像,具备了一些偶像气质。消费者对李佳琦从信赖到喜爱,甚至在心底萌生了一点点崇拜的感觉。

薇娅:登上纽约时代广场的带货主播

美国纽约时代广场的纳斯达克大屏上,出现了一个中国女人的身影,她既不是娱乐圈的当红明星,也不是 T 台上的国际超模。这位面容姣好的女人,正自信地面对镜头,将一件件好物陈列,为屏幕另一端的人们认真介绍。这个短片循环滚动播放了近 1 个小时。人们好奇驻足观望:这位外表靓丽、气质不凡的中国女人是谁?她就是"淘宝第一主播"——薇娅。

成功要素

一个头部 KOL 的塑造,需要天时、地利、人和:在各平台和各品类主播竞争还处于蓝海的时机,得到一个大平台的认可和流量支持,有一个非常优秀和勤奋的团队,帮忙打造有特色的人设和进行出色的运营,持续地得到品牌商的认可和供应链的保证。薇娅的成功,便是时势造英雄。

天时:最早冲进直播带货的"蓝海"

2003 年,17 岁的薇娅和男友董海峰在北京开了一家 6 平方米的女装小店。开店仅 3 个月,两人就赚了 10 万元,同行称其为生意天才。之后他们做起了女装批发生意,十分红火,络绎不绝。

2005 年,长相甜美的她,参加了一档综艺选秀节目"超级偶像",并凭借实力拿到了冠军,成功签约环球唱片,后来又辗转到北京另一家唱片公司。娱乐圈激烈的竞争让她不适应,最终薇娅选择了离开。薇娅又重新做起了服装批发,生意发展得很顺利,一度开了 7 家店。其间薇娅和董海峰结了婚。

2012 年,两人看到了电商的崛起,关掉了 7 家实体店,去广州专心开起了网店,但在 2014 年的"双十一",网店亏损 200 万元,最后还靠卖掉广州的一套房子来周转。

2015 年,淘女郎的商业头脑逐步展现,网店生意开始爆发,销售额达到 3000 多万元。

2016 年 5 月 19 日这一天,成为薇娅人生转折的纪念日。她接到直播小二的邀请电话，尝试转型成主播。在淘宝上的第一场直播，观看人数超过5000人。四个月后，薇娅的引导成交额便达到了1个亿，从此以后便一发不可收拾。

地利：最强直播间

薇娅背后的谦寻运营团队，打造了最强直播间，绝不会出现上错链接、讲错宝贝、报错价格、说错功能等意外情况，也从不会让无理由出镜和无关直播的人员插话等现象发生。团队对淘宝直播进行了充分、透彻、细致的研究，也体现在充分挖掘浮窗功能、直播印记、直播切片、系统抽奖等直播功能上。例如，直播期间，会将活动名称、品牌、产品等关键词发送弹幕，以便观众一目了然，立即参与互动。

薇娅的高清直播间由业内著名直播机构打造，根据主播身高、出镜人数、产品内容等来量身定制。细节到什么程度呢？除了常规的各种摄影灯之外，直播间里还专门配了一盏调色灯，用来稳定主播在镜头前的脸部色温，让主播看起来更加自然和大方，提升粉丝们的观看体验。另外，直播间里有两个收音效果极好的麦克风，无论薇娅是坐着还是站着，都不会有回音或者听不清等现象发生。即便一个家庭主妇在做家务时，手机开着薇娅的直播，不看画面只听声音，也能清晰地知道她在推荐什么商品。

人和：高能团队

薇娅的成功不仅是她一个人的成功，更是站在她背后团队的成功。先来看看薇娅团队的构成。

成功女人背后的男人：董海峰。不仅是薇娅的丈夫，也是其背后淘宝直播 TOP1 机构谦寻公司的董事长。他的口头禅是"这个还有提升空间"和"这个还是做得不够好"，其商业前瞻性和忧患意识很强。当年也正是他看到了电商未来几年的巨大商机，夫妻俩才选择了关掉 7 家批发店，南下广州做网店。

成功女人身边的女人：助播琦儿。5 小时直播内稳定发挥的"捧哏"，精力充沛的明亮音色，"引导关注""截屏抽奖""优惠信息""产品基础功能"等次要内容，均由助播琦儿来完成。一方面给薇娅留下片刻养精蓄锐的时间，另一方面和音色略低的薇娅构成了双重奏，缓解直播观众视觉和听觉疲劳。

成功女人的后勤保障：运营奥利。奥利是谦寻公司的 CEO，擅长产品深入挖掘、数据解读、后台操作等。他经常能脑洞大开，制造直播间的创新玩法。2017 年谦寻就开始了薇娅直播间的造节运动，有美丽节、生活节、零食节、粉丝节等。而直到 2018 年下半年，淘宝官方才开始创造各种淘宝直播节日，比如内购会、老板娘驾到、歌王大赛等。

另外不得不提的是薇娅的嘉宾人选们，通常是伶牙俐齿的各路名嘴，比如小 S、李维嘉等，而不是华而不实的流量明星。有一次薇娅在直播卖农产品时，甚至还有马云亲临现场助阵。

强大的销售逻辑

薇娅团队有明确的产品定位、促销策略。薇娅的用户定位就是大女人们的姐妹。在直播中，她总是称粉丝们为"薇娅的女人"。在很多家庭，女性掌握了全家的钱包。薇娅团队的目标客群正是这些女人。这个群体是全家人的买手，所以薇娅团队的销售品类定位为横跨全品、高性价比，而非专注垂直领域。其选品执行"超市逻辑"：大众审美，通勤款，较少小众、潮牌、个性化商品，件件有优惠，时时有促销，量大品类多。薇娅团队执行着严谨明确的促销策略。按品类可以分三种：鞋服箱包卖款式，强调限量不比价。耐用品突出同款低价与年包服务的优势。快销品采用买A送B的"捆绑销售"模式跑量。此外，销售策略有：

强化人设，赢取认同。薇娅会在直播中频繁强调自己的老公董海峰和7岁的女儿。薇娅会说这个我女儿喜欢，我要给我女儿买。看薇娅的直播，很多家庭买手们会忍不住打开腰包给孩子、老公、父母买买买。有的职场女性在深夜加班时播放薇娅的直播，觉得还有很多薇娅这样的人在元气满满地努力生活，自己也有了奋斗的动力。有人边做家务边听薇娅的直播，说听她讲话，空荡的房间也不显得孤单。薇娅称呼粉丝为"薇娅的女人"，这个策略微妙地和粉丝建立起依赖关系，而粉丝一次次从标有"薇娅的女人"海报里领取"独有的直播间优惠券"，这种黏性一再加强。

换位思考，潜移默化。薇娅会分身术。一会儿化身孕妇："这个东西，孕妇也可以用，绝对安全。""这个东西，孕妇别买，保险一点更重要。"一会儿化身小姑娘："这个胶原蛋白，25岁以下没必要喝，你们脸上本来就是嘭嘭的。"一会儿化身高级护肤品客户："你买再贵的护肤品，没有冰箱（直播正在卖的化妆品冰箱）

来保存的话，它里面的活性成分也会流失。"一会儿化身剁手党："这个洗衣液，买一份就够了啊，两份你们根本用不完。"一件共赢的事情，却可以让粉丝们觉得薇娅是真心在为自己考虑。

擅用数字和对比，刺激购买欲。薇娅在直播中经常会用数字和对比，让你觉得现在买了非常划算。粉丝们正在犹豫该不该买一床充绒 1000 克、600 元的羽绒被。但薇娅会告诉你，商场里充绒 100 克的羽绒服都要卖 1200 元时，你突然会觉得简直在给冬天的自己投资。薇娅卖鸢尾花香的力士洗发水。鸢尾花，粉丝们别说知道什么味道，长什么样都没见过。薇娅想了一秒钟说，就 Prada 那个香水味啊。粉丝们马上 get 到高端大气上档次那个范儿！薇娅这样来描述买一送二。这个东西第一件 29.9 元，第二件不要钱，第三件还是不要钱！边说边把东西叠罗汉似地摆满一桌，粉丝们眼球都要掉出来，赶紧买买买，不买亏大了。

巧用心理压力，快速打开粉丝钱包。薇娅懂得放大需求形成心理压力，快速推倒粉丝。薇娅直播卖美国牙线。薇娅说，你用牙签没关系，孩子很可能模仿大人养成不良习惯，导致牙缝变大、牙齿松动。嘉宾李维嘉神助攻，模拟场景说：哎呀！流血了。使用牙签不要被小朋友们看到，真的很危险。薇娅补充：孩子们也会模仿。就这样宝妈们个人的习惯问题，一下子升级为孩子们的大问题。为了下一代，赶紧买一袋。薇娅秋天直播卖取暖器，就像夏天卖羽绒服一样。粉丝们的需求并不那么紧迫。而薇娅说：取暖器，一定要越早买越好，越往后越贵，来

54321上链接……巧妙地利用粉丝们的消费经验,抢到就抢到,抢不到就没办法。

避谈效果,规避风险。对于功能型产品,薇娅绝不会让商品的售后问题,变成自己的售后问题。对于销售的商品的不确定结果,薇娅不会贸然地美化产品,为它们做担保。薇娅直播卖纤体茶,只讲好喝,喝了不拉肚子,却只字不提几天能实现塑身,哪个位置塑身效果最好。对于产品的不适用情况,在商品被秒完之前薇娅从不会主动提及。薇娅卖某美白牙膏,当看到产品秒完了,薇娅才补充说明,该美白牙膏不适用于天生黄牙的人群。

薇娅团队"直播版图"的再开拓

时代发展太快,没人知道未来会发生什么变化。不要停止,无限的可能性就在前方。不断前进,我们每个人都有机会收获自己的新时代。薇娅一直在奋力奔跑,她的团队也必须同样奔跑,不止步、跃向前。

创立MCN机构谦寻

MCN机构谦寻文化,2017年年初成立,这个网红孵化公司的董事长就是薇娅的丈夫董海峰,CEO是薇娅的弟弟奥利。自2017年4月起,谦寻先后签约了50余位主播,淘内粉丝早已达到数千万。除淘宝第一主播薇娅之外,谦寻还签约了达人主播小侨Jofay、楚菲楚然twins、大英子LOVE等,红人主播还有深夜徐老师、滕雨佳、呗呗兔等。零食类主播TOP1、明星类主播TOP1、健身类主播TOP1都在谦寻，其主播阵营可谓十分强大。除此之外，谦寻还签约了大家耳熟能详的歌手林依伦、主持人李静、演员高露、主持人李响等大咖。谦寻拥有强势的销售渠道、成熟的供应链支持和数百名专业人员等优势，能为主播开疆拓土提供最全面的帮助。

建立超级供应链基地，锁定优质资源

2019年，谦寻发布了"超级供应链基地"计划，将完整的两层办公楼共约一万平方米的场地，改造成了一个大型选品场地，形似商场。这个"商场"按类目划分成不同区域，有专柜、货架，商场内的所有商品，都是来自通过谦寻专业招商选品团队审核的品牌商家，全品类覆盖，有上万个SKU。并且，这个超级供应链基地未来会向外部主播、直播MCN机构开放。超级供应链基地把"货找人"变成"人找货"，既可以帮助主播跟商家交涉，简化主播的招商过程、降低招商门槛，同时也帮助商家找到更多、更适合自己的主播，在帮助他们节省时间、成本的同时，也在促成商家和不同主播之间更多的营销尝试。

整合平台外资源

谦寻2019年有一个值得关注的动作，就是与无忧传媒的战略合作。2019年4月，谦寻与无忧传媒达成战略合作，显示了谦寻在整合平台外资源的战略野心。二者之所以选择合作，是因为业务范围有重合但又各有侧重，虽然同处直播领域，但无忧更擅长的是KOL宣传和粉丝的运营，谦寻则更擅长对电商商家和供应链的管理，双方可以通过合作推出商品选秀类综艺节

目等方式，进行资源整合和优势叠加，实现互利共赢。

2019年，在商业化的探索过程中，各大MCN机构和KOL们将发展目光放眼到了更大的舞台。除了在各大综艺、电影中亮相的"papi酱"本人外，你还会在《天天向上》里发现Bigger研究所所长，在《直通春晚》里发现杨三金，在《快乐大本营》里看到无敌灏克。贝壳传媒旗下红人"嘿人李逵"登上《中国新说唱》的舞台，并成功破圈获得高关注度。洋葱集团也在逐步探索红人的娱乐边界，其于8月宣布与天娱传媒达成战略合作，成立超级工作室，并在10月与芒果TV合作推出了首部微剧。不管是人设包装还是内容创作、账号管理方面，MCN机构对红人的运营都在越来越规范化，并更加注重红人的长线发展。相信，谦寻公司通过打造商品选秀类综艺节目，未来在红人运营和娱乐领域会有自己的一席之地。

推出品牌商、KOL等多方联名定制款

2019年12月5日，薇娅母公司谦寻发布消息，旗下主播未来会和品牌、KOL和艺人开展深度合作，推出联名和定制款等商品。薇娅除了售卖品牌商品，还会推出薇娅的定制版商品，从配饰到衣物都有涉及。对于有品牌的货品而言，价格折扣相对清晰；对于没有品牌的货品，货品只是品类而已，利润更加透明化。无论品牌加持，还是主播IP加持，都可以为货品增加溢价空间。在消费者和商品之间，看上去只隔了一位网红主播，背后却会有庞大平台在各种助力支撑，比如直播基地、线上选品对接平台、平台的生态建设。平台在助力缩短主播和商品的

距离，降低主播选品的试错成本，提高商品的质量与性价比，提升消费者的满意度和购买体验。

　　站在新的历史起点上，直播带货迎来了发展机遇，同时也承受着不小压力。行业形势风云变幻，时代裹挟着人们前行，谁也无法准确预测未来，但唯一能做的事，就是始终对变化敏感，勇于迎接挑战，准确识变、科学应变、主动求变，经过商家、平台、主播等各方面共同努力，相信直播带货定会有美好明天和长远发展！

潮平两岸阔——直播带货之"未来想象"

2020年,除了淘宝直播一骑绝尘、高速发展,抖音、快手等短视频平台也迅速行动、抢占市场,小红书也不甘示弱、奋起直追。越来越多的用户正在通过直播购买商品。随着区块链等技术的快速发展,直播带货的未来更是充满无限可能。

直播电商可以呈现更多的产品细节，推动买卖双方建立信任，可以拉动产品销售，最终实现"带货"的目标。随着5G通信时代到来，直播带货还有很大的想象空间，未来会有更多行业参与到直播带货的领域中，基于直播带货也会产生更多新的商业模式。

"昙花一现"OR"星火燎原"

新冠肺炎疫情期间，人们积极响应国家防控号召，开启了"居家"的生活模式，在这样的情况下，餐饮、旅游、会展等行业受到极大冲击，进入发展阵痛期，经济利益大受损失。但随着互联网普及而兴起的直播电商行业，却丝毫没有受到影响，凭着线上经济独特的优势成为众多行业中的佼佼者。

直播电商指的是 KOL 通过视频直播、短视频等形式向用户推荐卖货，并最终实现网上成交的电商形式，与传统电商相比，直播电商具有去中心化、强标签化、强互动性等特点。从 2016 年开始，"直播+电商"成为一种新兴的在线购物引流方式，受到社会广泛关注，不少直播平台和电商平台纷纷看到了商机，大力发展直播带货模式,多产业的"云复工"、消费者"云逛街、云购物"的热情高涨,更加助推了这种模式的演进,加速了线上销售模式的成熟。

从电商购物的不断快速发展来看,内容丰富化、种类多样化是长期趋势,直播带货将为用户持续创造价值。从性价比角度看,直播带货兼具产品销售及市场营销效果,经营成本、销售成本、用工成本相对实体店铺有所降低;从消费者角度看,用户可以通过观看视频方式,同时达到购物、娱乐、休闲等多重目的,节约时间、减少成本,未来短视频、电商平台将重点发展直播带货,并注入更多新鲜元素;从内容输出角度看,商家持续推出新品,粉丝愿意关注主播内容及推荐的产品;从平台发展角度看,电商与直播的结合是时代产物也是发展需求。因此,直播带货将持续提升用户、平台、商家等的利益,实现互利共赢。再加上如今科学技术的不断进步,特别是随着我国 5G 技术逐步走向商用,将给直播行业带来更多的发展空间。对于直播行业来说,5G 技术不仅可以让直播画质更好、画面传送能力更强,更重要的是,通过云计算、大数据等多种技术广泛复合应用,直播带货将实现精准对接、直达用户,满足人民群众日益增长的定制化、个性化、高端化需求。同时,我国网络直播平台的经营模式趋于多元化,行业融资能力增强、新增投资不断进入、投资后劲十足,均表明资本市场对网络直播行业前景依然十分看好,直播带货仍是投资热土和资本洼地。

但是,我们也要清醒地看到,即便直播带货是未来发展的趋势，其弊端同样不容小觑。直播带货这一新兴业态，从萌芽起步到快速发展，也带来了负面影响，产生了一些新的消费维权问题。比如消费者对于主播是否是经营者的问题存在认知模糊，对主播言过其实、虚假宣传和直播商品的以次充好、质量保证、售后服务等问题反映强烈，消费欺诈、利益受损、维权困难、成本较高等问题不同程度存在。如果任其放任自流，则将严重损害消费者利益，主播、商家、平台利益也会受损，势必会影响直播带货行业的持续健康发展。

总体来说，直播带货虽然一直呈发展上升的趋势，但是想要真正做大做强，不仅需要电商平台、科学技术的不断优化，还需要商家和主播共同发力，政府各部门齐抓共管，加强直播带货行业监管，保证产品质量和服务品质，用优质产品和高效服务征服消费者，直播带货才会长长久久、持续发展。

未来科技的"赋能"

时代风云变幻、技术迅猛向前，新科技正在悄无声息地改变着人们的生活工作方式。以5G、区块链、云计算、大数据等为代表的新一代信息技术与电商行业广泛深度融合，势必会为直播带货发展赋予强大势能。

5G时代：新一轮的消费升级

5G来势汹汹，万物互联即将实现，网络的通畅性和稳定性前所未有，用户体验也会不断升级，信息化、智能化也将随之得到高度发展，社会经济和文化生活都会在5G的影响下进入快速更新迭代的阶段，并开始一系列深刻化、全方位的变革。

那么，什么是5G呢？它具有什么特点呢？5G是第五代移动通信技术的简称。在谈论5G时，很多人会犯一个常识性的错误，就是习惯性将其与4G进行对比，其实相较于4G，5G已经发生了很大的空间变化，就像汽车比马车快，但汽车与马车相比并不仅仅是简单的技术升级，而是发生了根本性的空间变化。所以，5G并不只是针对4G的简单升级，其将给现实社会带来惊喜和震撼，正所谓"4G改变的是生活，5G改变的是社会"。

5G的第一个特点就是速度极快，原来在4G模式下，下载一部电影可能需要几分钟，但在5G模式下，这个过程可能只需要几秒。第二个特点是网络延迟低，外科医生利用5G实施远程手术，网络延迟只有0.1秒，有效保证了手术顺利完成。这种低延迟，还可以保障用户在看直播、打游戏时再也不会慢人一步，能拥有更好的使用体验。另外，5G还具备容量高、耗能少、高兼容和高稳定性等特点，广泛用于4K高清、去Wi-Fi化、多场景切换等功能模式。

随着5G技术的到来，各行各业都在积极备战，希望能够与5G深度融合，实现行业的高速发展。在医疗行业中，5G正在使远程医疗慢慢变成现实，而5G与人工智能、区块链、云计算等技术的融合，也将进一步推动医疗技术升级，如无线医疗、远程机器人手术、能上门诊治的机器人诊所都将陆续出现；在教育行业中，5G将帮助智慧教育开启全息教学，届时偏远地区的学生，也能够享受到优质的教育资源；在交通行业中，由自动驾驶、无人驾驶和远程驾驶带来的便捷时代也正在逐步开启，同时联网无人机也将得以运行；另外在企业工作中，在线办公、远程办公也将慢慢成为工作主流模式；等等。可以说，5G与各行各业的融会贯通，将真正实现万物互联，为社会经济发展带来重大的战略意义。

在电商企业发展壮大的过程中，用技术创新来增加销售渠道，是非常务实管用的一招。如今火热的直播带货，既是市场推动的结果，也是企业积极寻找新销售方式的结果，而5G的到来和发展，将极大地改善目前直播带货的场景，将直播带货带入一个新的发展阶段。试想一下，当你在观看一场有关化妆品的直播时，如果看到的是超高清的画面，享用的是无卡顿、无延迟的网络，与主播的互动、与带货产品的接触是3D形式，在这种感知交互、身临其境的购物体验中，你的购买欲望会不会瞬间增加？更进一步，场景化上线，主播将所有要进行介绍的产品，都呈现在消费者眼前，消费者能够像逛商场中的实体店一样逛虚拟店铺，从中选出自己感兴趣的、需要的产品，这是不是更有趣、更便捷？

这些场景在不远的将来都会变成现实，依靠的就是5G技术。当然，除了直播带货，5G也将帮助短视频带货更上一层楼，因为高清的画面、大量且快速的传输，这些场景都将增强用户体验。我们可以大胆预测，5G将促使直播带货成为用户进行消费购物的主要方式，而这也将成为社会一大风尚。

区块链：数字资产的另一种权益

区块链（Block Chain）是去中心化、分布式数据存储的计算机应用技术的新模式，本质是一个去中心化、公开透明的数据库。它的用途极为广泛，可以应用于生产、生活的很多领域，能够帮助餐饮行业有效解决食品安全问题，让消费者迅速获取所有的食品来源，了解到相关食材的信息，使消费者放心地点餐用餐；也能够记录酒店入住者的不当行为，让每个人看到且无法自主篡改，利于酒店对往来人群的监控；还能够将每个人的医疗记录进行保存，形成个人电子病历，病历上的数据直接由患者本人掌握，既保证了隐私性，又为跨区域、跨医院治疗提供了方便。此外，区块链在其他行业也发挥着重要作用。在金融业中，目前正在发展中的区块链融资项目，逐渐发展出了全新的金融生态；在公益慈善业中，人们可以通过区块链来追踪捐款的去处，打消捐款者的顾虑，为慈善业良性发展保驾护航；在画作等艺术业中，人们可以通过区块链技术，来查看之前画作拥有者的身份，从而帮助其进一步鉴别画作的真伪；在物流行业中，区块链也适用于跟踪货品，从出发地到目的地之间的运送过程，使货运物流更加顺畅，安全性得到更高的保障；等等。

面对这项新技术，很多企业已经抢先加入了区块链的掘金大本营中。在这些应用中，最受大众关注的，是区块链在直播带货领域的"打假"功能，即"区块链打假"。2019年7月，央视的《经济半小时》曝光了抖音网红的带货清单里有不少三无产品，结果在那段时间，"抖音网红带货刷单"直接登上了微博热门，很多人对直播带货领域里存在不少违法违规、不合格产品的现象进行了热烈探讨。有网友持包容态度，表示支持了解，社会在发展，网红、明星通过直播平台带货是发展趋势，只要产品质量过硬、有保障，自己是很愿意接受并且会去购买。有网友仍心存质疑，表示除了抖音，其他很多平台的网红直播带货清单里，也存在大量三无产品，这让很多人不大敢相信网红带货的产品，对直播带货持保留和观望怀疑态度。

无论社会如何发展，消费者购物下单，都离不开产品品质的保证。也就是说，产品质量一定要过关，这是所有商品销售都要遵循的原则。在直播带货领域，利用区块链技术，虽然难以根治假货，但是将它作为打假解决方案中的一个手段，拥有独特的技术优势，比如信息完全公开、追踪产品来源、增加消费者信任度等，这些都可以在一定程度上，有效抑制假货泛滥，助推直播带货实现良性发展。

目前很多电商企业，如京东和阿里巴巴等都在大力发展区块链打假技术，这两大电商平台，都认为区块链技术是未来应对假货和不合格产品的最佳对策。如今，当消费者在京东或淘宝平台购买商品后，只要点击商品的"电子护照"，就可以扫描二维码，来查看商品的相关信息，以辨真伪。相信当区块链技术日渐成熟之后，在直播带货领域，就可以建立起更完备、更健全的追根溯源系统，让消费者更轻松地查询到完整的商品生产、加工、运输、销售等数据信息，为产品验明正身，让假货"无处遁形"，有效保证消费者权益。

云计算：为用户提供"定制服务"

云计算是一种分布式的计算，通过网络"云"可以在很短的时间内，对数以万计的数据进行计算处理。云计算技术是一种以互联网为中心的新网络应用概念，将多种计算资源协调集合起来，方便用户快速地取用网络上的众多虚拟资源。

云计算首要的特点是高性价比，用户以极低的价格就能获取想要的资源。除此之外，云计算还有很强的虚拟化技术、按需部署性、高灵活性、可靠性和可扩展性等特点，所以它的兴起和发展，是互联网社会不断进步的一大标志。

云计算应用十分广泛，可以根据用户需求，提供"定制服务"。百度云就是存储云的一种，是在云计算基础上发展出来的新存储技术。用户能通过互联网获取云端的资源，也能将本地资源上传到云端上，对资源数据进行存储、备份、归档和记录；用户在玩游戏时所用到的云服务器就是云游戏，基于云计算技术发展而来，即使用户的电脑配置不够，通过连接云服务器，也能享受到高质量的游戏；协同电子邮箱也是云计算在发挥作用，它可以将不同邮箱的邮件整合在一起，只要登录一个网站或平台就能看到所有电子邮件，省去了打开不同邮箱去查看对应邮件的时间。我国正处于云计算技术飞速发展的阶段，云计算也在改变社会的经济发展和人们的生活方式。

除了上文场景中描述的几种情景外,云计算在生活领域中的应用还有很多,比如:云音乐,可以帮助用户同步云端的播放列表,并根据不同的播放设备,对音乐文件自动进行音质选择;云视频,可以自动识别播放设备,选择合适的视频文件,并同步用户在不同设备上的观看进程;云搜索,让搜索内容在远程的云计算机上完成,然后将最后结果直接反馈给用户;云杀毒,在网络远程计算机的杀毒服务器上,完成本地计算机的杀毒,这样更加放心安全。这些都是云计算技术在生活中比较成熟的一些应用。除此之外,云计算也已经开始在其他行业和领域大力发展。比如:政务云在城市管理和公共服务上的应用,节约了信息化成本,并提高了政府服务的效率,从而进一步有利于城市顺畅运行,为建立数字城市奠定基础;金融云帮助银行和证券等进行业务创新,提供更加方便快捷的客户服务;交通云为用户提供全方位的网络和数据安全,提高了数据的传递效率和资源利用率;还有能源云、电信云、医疗云、教育云等。

除此之外,很多大企业也自主创立了各种"企业云"服务平台。比如,华为的华为云、腾讯的腾讯云、京东的京东云和阿里巴巴的阿里云等,这些利用云计算技术创立的平台,不仅帮助企业降低了成本,还给用户提供了更好的服务体验,有力推动了企业的发展壮大。

云计算在超级带货领域的应用更是奇妙,通过对资源信息进行整合和共享,不仅提高了企业数据的安全性,还提高了交易效率,同时也扩展了企业客户群和业务。也就是说,电商企业和云计算有相似的服务基因，两者结合起来，能够为最终的产品销售提供便利和保障，为企业赢得更高利润。

众所周知，直播带货目前已经成为电商在销售产品上的标配。直播带货新潮火爆，其中自然少不了技术支撑，AI技术能解决主播不能及时回答观众提出的问题这个困境，区块链技术能解决带货的产品造假或其他质量问题，而云计算技术解决的是整个直播系统顺畅运行的问题。对直播进行深入分析后我们发现，直播其实就是先在云服务器中上传主播录制好的视频，当服务器处理完成后分发到数以万计的消费者的终端上，这个过程中一定要有多种云产品的支持，如云数据库、云服务器和负载均衡……简而言之，直播就是一种高并发下的视频流处理。将云计算融入直播带货中，其优势主要包括：进行直播监控，即对直播流信息实时监控，对违规内容实时处理；数据更加安全，有效避免数据被泄露的事件出现；APP更加安全，有效规避被攻击、刷粉等事件发生。

在过去多年的"双十一"期间，全球范围内同时会有数以亿万计的用户进行在线购物，其中有相当一部分是通过看直播来进行购物的，所以每年的这个时期都是网络拥堵的高峰期。而正是因为有云计算的支持，我们的服务器才能平稳顺畅，没有发生崩溃和瘫痪，消费者也才能一直享受舒适的购物体验。

随着我国云计算产业的蓬勃发展，在直播带货领域内的应用，也呈现出迅速增长的态势。但是，相应的法律、法规体系还没有被建立起来，所以云计算的应用还存在一定的局限性。

同时，云计算技术还处于更新发展阶段，在带货领域中要发挥更大的作用，也需要一定的发酵时间。但至少我们可以预测到，在未来随着科技的不断发展，云计算一定会像水和电一样，成为人们生活中的必备品，到那时，它将会拥有更广阔的应用空间，前途不可限量。

大数据：清晰洞察行业走势

大数据指的是数据的集合，该数据集合难以在一定时间范围内，用一般的软件工具进行处理，它需要在新的处理模式下才能发挥出作用，是一种海量且多样化的信息资产。其因为大量性、多样性、高速性和真实性等特点，被广泛用于社会经济和生活中，也因此推动了人类社会整体向前发展。

大数据在其他技术的结合和衬托下，被更好地利用起来，如人工智能、区块链以及云计算等新技术，都与大数据进行结合，更好地发挥了作用。大数据是人工智能的基石，大数据和区块链保证了交易的安全性和便利性，大数据与云计算如硬币的正反面一样难以分离，大数据作为一项资产、人工智能作为一种能力、区块链作为一个节点、云计算作为一项任务，四者相互嵌套、密切配合，将不断扩大数字经济的规模，共同推动数字经济向前发展。

当然，除了上述场景以外，大数据可以清晰洞察行业走势，拥有无与伦比、不可替代的重要作用。比如：在金融行业，大数据在高频交易中能够帮助银行、证券和企业等计算出相关交易的具体信息，有效规避该行业的各种高发风险；在医疗行业，大数据分析能够帮助医疗机构不断提高医疗水平和治疗效率，既能快速分析出患者身体中相关 DNA 的信息，为其提供最好、最新的医疗方案，又能为患者建立疾病风险跟踪机制，对其记录分析，预测出可能会发生的疾病，及时清除病灶；在打击犯罪上，大数据可以帮助警察跟踪捕捉犯罪嫌疑人；在城市管理上，大数据可以帮助推进智慧交通；在企业管理上，大数据可以协助目标营销；等等。

在大数据时代，科技发达、信息流畅，带来的是人与人、人与货、货与货之间更加紧密的连接，这在直播带货领域中得到了最大化的体现。带货是从双方来说的，即消费者和带货产品，直播带货就是要快速地让货找到对的人、让人找到对的货，这样的带货过程才是真正方便高效的，这也是直播带货领域能够持续发展的重要前提。

对货而言，大数据能够帮助商品在大量的消费者里面，精准地找到高价值或潜在的目标用户。因为对广大用户的历史搜索、浏览和消费等行为进行大数据分析，就能很轻松地识别出金牌消费者，然后将带货产品的信息推送给他们，从而促进消费行为的产生。除此之外，大数据还能进一步根据消费者观看视频和直播的类型和时长、参与直播互动和自主转发的次数，以及购买产品的品类和价格等信息，分析出当下消费者的需求喜好和需求发展趋势，然后以用户需求来决定和更新带货中的产品，实现持续性的精准营销。

对人而言，大数据能够对每位消费者的搜索记录、消费习惯和消费偏好进行分析，对个人的消费数据进行挖掘，从而迅速为其推送出当下正需要或者正在寻找的优质产品和相关优惠信息，为消费者节约寻找产品的时间和精力，提升了购物体验。

需要注意的是，数据的开放性不可避免地会对消费者的个人信息造成安全威胁。但这些缺陷会随着科技的发展而慢慢得到缓解和消除，到时候就可以在很大程度上使数据在源头得到安全保障，从而让消费者可以放心大胆地享受大数据带来的精致生活。

直播带货模式的演变和展望

今后的直播带货会是什么样子的？有人预测推演，直播间可能会诞生一个物种，将"人、货、场"三个全部做到极致，出现"直播机构＋MCN＋商家＋供应链"四合一的超级直播机构。

"人、货、场"面面俱到，"直播机构＋MCN＋商家＋供应链"四合一

直播带货，在未来有几大核心要素需要解决。人，即流量。流量是所有直播平台和主播都要面对的最为核心的问题之一。平台直播有流量才有价值。引流和锁定流量是最为重要的事情。流量分为公域流量和私域流量，公域流量的获取需要付出相对较大的成本，这部分流量总会流向更有影响力的头部 IP 那里。

但是如果你有绝对优秀的内容输出，或者有较大力度的补贴投入，是可以获取公域流量的。对于私域流量，更多的是增加黏性并且转化的问题。建立了较强的信任感，就能相对容易地将流量转化成看得见的价值。每个人都有着自己的私域流量，只是多少的问题。

货，即供应链。直播带货在产品推广上有着非常大的优势，可以帮助观众很快地抓住产品的特点，也能将原来一些不好描述或者晦涩难懂的介绍用通俗易懂的语言表达出来，更能场景化地激发出消费者的购买欲望。对于知名品牌产品，在不同的平台之间，消费者会着眼于平台价格和物流快慢进行比较。对于一些新品牌或者新产品，那就需要有绝对优势和绝对吸引力的条件。关注直播平台，你总会发现有些商品的价格颠覆了你的认知，事实上这不过是营销的另一种形式。所有的主播都会非常注重供应链的管理。一方面是要让产品足够好，另外一方面是要让响应速度绝对地快。供应链环节的问题，远比直播中的"翻车"事件更为可怕，直接影响到大众口碑和粉丝黏性。

场，即平台定位。粉丝在直播平台和进入直播间能够有怎样的收获。没有粉丝的直播间，对于主播来说是灾难，没有收获的平台，对于用户来讲是浪费时间。这就是要能洞悉人深层次的需求。不同的直播平台产品的定位不同，自然就造成了直播效果的差距。有趣会是"场"中很重要的因素，这也是直播平台黏合用户的地方。有趣的内容输出或者参与感强的地方，会让用户多停留一些时间。

人、货、场不是单独存在的，而是彼此依存又相互制约，共同组成直播带货的要素。随着直播带货不断发展，也会促使原有经营模式和推广模式发生变化。未来消费者在直播间里的互动，不光是跟主播，而是跟品牌的全场景互动，甚至去做溯源直播、工厂直播、发布会直播，等等。真正的粉丝关系是彼此信赖、人格化、深度沉浸。在未来，供应链与品控、流量、履约能力等一样，都是直播带货绕不过的大山，这不仅是品牌能力的需求，也是消费者对企业和主播的要求。

因此，大胆预测，5年以后，淘宝直播间很可能会诞生一个新物种——超级直播机构，将"人、货、场"全部做到极致。阿里巴巴确实是这样布局的，2020年4月22日，阿里巴巴宣布，正式升级"新国货计划"。这次的"新国货计划"共有六大目标：为中国品牌培养1000名新品策划师；帮助1000个中国品牌和IP高效跨界；打造1000个数字产业带"超级工厂"；帮助10000家新国货品牌开拓新客；开辟老字号入驻淘宝直播绿色通道；开设天猫首个线下国潮艺术中心。不难看出，阿里巴巴势必会利用直播电商的优势，打造"从供应链到直播间再到消费者"的超级直播机构。而所谓的超级直播机构，其构架是：直播机构+MCN+商家+供应链。详细说来，这是一种放眼整个产业链的全局视野：在人（内容）端，主播体系力求完善，要兼具广告公司+MCN+红人经纪等实力；在货端，考验主播的自主供应链、自主工厂、自造品牌以及生产补货、仓配销等供应链能力；在场端，主播必须对电商和线下都具有极其丰富的经验，了解直播电商的互动型营销。

红利减少倒逼平台规范化管理

业内认为，不管模式怎样区分，直播带货最终落脚点都是"人"，平台必须培养自己的头部网红，吸引足够多的粉丝，将流量转变为购买力。从历史经验来看，新型商业模式上线后都存在一段红利期，但是随着商业体大量涌入直播领域瓜分流量，未来吸引顾客驻足直播间将会变得越来越困难，直播带货红利会慢慢减少直至消失，竞争也会进入白热化。同时，由于存在漏洞、监管不严，目前各大直播平台不同程度存在虚假宣传、假货泛滥等问题。虽然主流平台纷纷表示，对于售假将严肃处理、绝不姑息，但仍能发现售卖假冒伪劣产品的商家。专家指出，直播带货这种新兴商业模式存在监管盲区，监管部门应该及时跟进，包括对短视频平台进行广告抽查，倒逼平台履行管理责任，协同网信部门切断跨平台售假的产业链。

从发展现状来看，直播带货规范发展已势在必行。直播带货产业涉及主体多、链条复杂，网络主播、内容发布平台、产品供应企业等相关参与者缺乏明确的管理标准和监管机制。对于关键参与方主播的责任认定也存在不同观点，有些主播直接在直播间带货，有些主播通过宣传为商家引流，不同主播在销售过程中担任的角色不同，需要承担的责任也不尽相同，这些情况还需进一步梳理分类、明确界定。中消协发布的报告显示，目前37.3%的消费者在直播购物中受阻，主要有夸大宣传、货不对板、售后服务难以保障等问题。因此,只有厘清各参与方的责任和行为规范,整个产业发展才能有据可依、有规可循,消费者的合法权益才能得到保护,直播带货也才能步入正轨。

我国消费升级趋势方兴未艾,消费者购物不再仅仅关注价格,商品质量好、服务体验优等都是人们消费的重要动力,直播带货这种新兴消费模式前景光明。同时,直播带货的各参与方应认识到,一锤子买卖长久不了,只有靠诚信经营、品质过硬才能持续平稳发展。标准和规范的明确不是终点,而是一个新的开始。在此,期待政府部门根据直播带货新业态,创新监管方式,既鼓励守正创新又兼顾公平正义,推动直播带货规范有序运营;期待相关平台和主播放远眼光,合法守规做直播;期待更多商家诚信经营,信誉为本,全面提升产品质量和服务水平。通过各方的共同努力,促进直播带货健康有序发展。

"直播+"产业"应运而生"

因为低门槛、强社交等特点,直播成为孕育流量的最佳行业。很多企业和商家为了实现突围,创造了全新的"直播+"模式,如"直播+娱乐""直播+旅游""直播+教育"等,这种新型的结合方式日益成为直播盈利的新商业模式,也为企业找到了一种良好的流量变现方式。

"直播+娱乐"。通过"直播+娱乐"的形式,让直播内容与各种有趣的事物结合,打造相应的娱乐品牌。"直播+娱乐"中的"娱乐"可以指综艺平台、选秀节目、音乐节目等现有的成熟娱乐方式,甚至可以涵盖养生、科技、教育等方面。只要是能让观众感受到"娱乐"的方式,并且这些方式足够成熟、足够正规,都可以与"直播+"相连接,形成"直播+娱乐"的营销战略方式。斗鱼直播平台利用"直播+娱乐"的方式,让直播内容和综艺选秀结合,打造了全新的艺人选秀养成类直播节目《青春练习生》,采用"直播+综艺+选秀+偶像养成"的方式,将直播中的网红升级为"养成偶像",创造了有价值的主播和有价值的娱乐内容,受到市场好评。

"直播+旅游"。直播与旅游相结合,让直播中的用户看到了一个绝对可信、更真实的"美景",并且提高了用户对于旅游景点的风景、美食等的全方位体验,进而让用户产生旅游消费的动力。目前由于直播设备在户外的限制性,可实行的"直播+旅游"的主要方式有三种:第一种,就是将直播间延伸到户外,让主播成为"导游"带领观众一起看风景。这种模式许多直播平台、旅游企业都已经开始使用,甚至一些名胜风景区也开始自主直播。途牛利用直播,将传统企业面对用户"一对一"的模式上升为"一对N",提高了获取互联网客户的效率。同时,在直播的过程中利用人气主播带来的流量效应,为途牛网引入全新的流量,拓展了企业的客户市场。第二种,就是通过专业户外探险者或者探险团队,直播户外探险方面的内容,利用探险地的神秘引发观众的求知欲和好奇心,进而向观众推广企业产品。神农架由于地理环境因素,再加上野人的传说,成为许多人心目中的"神秘禁区"。携程网利用斗鱼直播平台,以"探险揭秘"为主题，吸引了一大批对神农架抱有好奇心的观众，进而通过直播带领粉丝，走过许多神农架的景点，最终达到了旅游营销的目的。第三种，就是更容易刺激观众的"直播+荒野求生"。"荒野求生"的特殊性，能够为观众带来新鲜和刺激的感觉，进而形成主播的忠实粉丝圈，为直播带来巨大的流量。而企业可以利用流量，宣传推介相关的旅游产品。

"直播+教育"。教育的特性和直播相当"般配"，通过"直播+教育"，可以降低教育成本，促进教育公平，扩大优质教育资源覆盖面。"直播+教育"可以采取双师直播课形式，共享优质教育资源。所谓双师直播课，就是一位老师在一间教室里直播上课过程，学生在另外一间或多间教室通过视频同步听讲，同时有另外一位老师在学生所在教室负责现场辅导。这样，一位学生就有两位老师同时陪伴。双师直播课在实现学生实时听取老师讲课的同时，还实现了直播老师和远程学生的实时互动，学生可以在线和老师交流探讨。目前新东方、好未来等教育界巨头，已纷纷布局，"双师直播"将成为开拓三、四线城市市场的重要手段。

因此，随着直播带货行业的不断发展，更多适应时代、符合潮流的营销模式将层出不穷、花样百变。我们要应时而上、顺势而为，以积极心态应对和拥抱直播营销，并在符合规律、尊重市场的前提下，进行大胆尝试和有益探索。

后 记

在直播带货的红利期和机遇期，无数互联网巨头、卖家、直播平台纷纷涌入，想要分得一杯羹，但是互联网资源总体有限，随着网络效应的推进，很快直播带货行业即将进入临界点。需要注意的是，主播直播带货乱象渐起，一些头部主播因夸大、虚假的产品宣传受到市场监管部门的处罚。各种产品问题被接连曝光折射出的，是客观存在的高价低成本、代工生产品质难保证等直播行业面临的现实问题。很多直播带货带来的只是一次性流量，能否让品牌产生持续的吸引力和销售力，核心在于能否为消费者带来附加内容。在未来三五年，内容将会成为直播行业最硬核的竞争力，这也才是真正的时代红利。

直播"内容"的搭建将是维护长期消费的重要举措。没有"附加值"的直播带货，注定不会长远。品牌商、直播平台、主播们只有加强对自身"内容"的不断提升打造，才能将消费者一时的求知欲和好奇心，转化为品牌的美誉度和粉丝的忠诚度。也只有这样坚持，直播带货才能经久不衰，焕发生机并永葆活力。愿你成为舞台中央的主角，祝福直播带货永不落幕！